Yesenia Then revelou seu brilho sem esconder o barro do qual foi formada. Autêntica e com desnuda ousadia, Yesenia deixou no altar sua sandália pastoral para nos revelar em *Reconstrua com os seus pedaços* a mulher de carne e osso que com tenacidade e insistência lutou para preservar esse projeto divino chamado casamento. O ninho se fez pó diante dela, mas o Deus de seu chamado nunca se esqueceu do rosto de sua filha em meio às cinzas e lhe concedeu asas de aço para que voasse mais alto que seus críticos mais ferozes. De passagem, demonstra que os homens nunca poderão terminar com o que nunca começou com eles. Parabéns, pastora Then. Obrigado por esta joia!

— RUBÉN ARROYO, ph.D.
Pastor presidente, CIDRA Church, FL.

Há muitas maneiras de aprender lições na vida, mas uma das que jamais esqueceremos é a que aprendemos por meio da dor. Lembro-me de uma vez em que Deus quis me ensinar algo novo, que era amar os meus inimigos, e a verdade é que a dor que eu sentia era tal que me asfixiava. Procurei escapar da mão de Deus até o ponto em que lhe disse: Solte-me, pois está me apertando com força e dói, e ele me respondeu: "Estou amando você". Existe amor de Deus mesmo em meio à dor. Poucos podem entender por que Deus não nos livra da dor, e a pastora Yesenia Then nos explica isso neste livro de uma forma extraordinária. Por isso estou certa de que existem coisas que farão sentido para você depois de ler este livro maravilhoso.

— NANCY AMANCIO
Pastora no Centro Mundial de Restauração Familiar

"Levanto os meus olhos para os montes e pergunto: De onde me vem o socorro? O meu socorro vem do Senhor, que fez os céus e a terra." Salmos 121.1

Quando penso neste texto dou graças a Deus porque foi ele quem o fez, ele quem o faz e ele que tem o projeto para fazer o novo o que se desfaz; é a esse De...

serve; ao Deus que pode refazer de novo sem importar quantas vezes tenha caído. Porque ele não descarta você, mas o levanta e, mesmo se você estiver em pedaços (como barro nas mãos do oleiro), ele o toma do chão e o faz de novo. Creio sem dúvida que este livro tem todos esses ingredientes para que os crentes desta nova geração sejam abençoados e possam se levantar novamente, mesmo após ter recebido os piores golpes, tal como fez Yesenia Then, cujo testemunho você conhecerá neste livro.

— ROBERTO ORELLANA
Doutor em Missões Culturais, cantor de música cristã

Ao conhecer por mais de nove anos a trajetória ministerial da pastora Yesenia Then, vi que certamente a palavra do Senhor contida em Gênesis 3.15 se cumpriu na vida dela: "E porei inimizade entre ti e a mulher, entre a tua descendência e o seu descendente. Este te ferirá a cabeça, e tu lhe ferirás o calcanhar". Desde seu primeiro livro, *Te desafio a crescer*, até este, que estou totalmente convencida será de muita bênção e edificação para você, vejo como Deus a tem usado e ajudado a sair vencedora diante de ataques que o Adversário pensou que a destruiriam. Mas, em vez disso, foi a antiga serpente que teve derrotas consecutivas e esmagadoras. Agradeço à pastora por mais uma vez servir de instrumento nas mãos do Senhor para deixar estampada em sua geração esta tremenda joia literária que é *Reconstrua com os seus pedaços*.

— DIOSIRIS DE SOTO
Pastora associada do Ministério Internacional Soplo de Vida

Yesenia Then

Quando a vida golpeia você...

RECONSTRUA
com os seus
PEDAÇOS

Vida

Editora Vida
Rua Conde de Sarzedas, 246 – Liberdade
CEP 01512-070 – São Paulo, SP
Tel.: 0 xx 11 2618 7000
atendimento@editoravida.com.br
www.editoravida.com.br

©2019, Yesenia Then
Originalmente publicado com o título
Reconstruye con los pedazos
Copyright da edição brasileira ©2020, Editora Vida
Edição publicada com permissão contratual
da Peniel Inc.

∎

Todos os direitos desta obra reservados por Editora Vida.

Proibida a reprodução por quaisquer meios, salvo em breves citações, com indicação da fonte.

Todos os grifos são do autor.

∎

Editor responsável: Gisele Romão da Cruz
Tradução: Reginaldo Souza
Revisão de tradução: Sônia Freire Lula Almeida
Revisão de provas: Josemar de Souza Pinto
Diagramação: Claudia Fatel Lino
Capa: Arte Peniel

Todas as citações bíblicas foram extraídas da *Almeida Edição Contemporânea (AEC)*, ©1990, 2010, 2020 publicada por Editora Vida, salvo indicação em contrário.

Todas as citações bíblicas e de terceiros foram adaptadas segundo o Acordo Ortográfico da Língua Portuguesa, assinado em 1990, em vigor desde janeiro de 2009.

1. edição: jan. 2020

Dados Internacionais de Catalogação na Publicação (CIP)
(Câmara Brasileira do Livro, SP, Brasil)

Then, Yesenia
  Reconstrua com os seus pedaços : quando a vida golpeia você / Yesenia Then ; [tradução Reginaldo Souza]. -- São Paulo : Editora Vida, 2020.

  Título original: *Reconstruye com los pedazos*.
  ISBN 978-85-383-0415-9

  1. Estresse (Psicologia) - Aspectos religiosos 2. Perda (Psicologia) - Aspectos religiosos 3. Sofrimento - Aspectos religiosos 4. Vida cristã I. Título.

19-31618   CDD-248.86

Índices para catálogo sistemático:
1. Sofrimento : Superação : Vida cristã 248.86
Cibele Maria Dias - Bibliotecária - CRB-8/9427

Dedicatória

A todos os que, ao serem golpeados
pelas circunstâncias da vida, em vez de lamentar-se
entre as ruínas, decidiram voltar a construir
usando seus pedaços.

Agradecimentos

*A*o meu amado Criador, Guia, Sustento e Ajudador, a quem devo tudo o que tenho e tudo o que sou; meu Dono, meu Amigo e meu Senhor; aquele que é Especialista em tomar o que se quebrou para fazer disso grandes obras de arte.

Aos meus dois filhos, Maiky e Andy, que, depois de Deus, são minha maior inspiração.

À minha apreciada equipe de assessores e intercessores, por suas orações, apoio e acompanhamento de sempre.

À minha grande amiga Irene Maribel Cruz, por permitir ser usada pelo Senhor com palavras sábias e encorajadoras, não somente em meio às ruínas, mas também no processo de reconstrução.

Sumário

Prefácio 11

Introdução 15

1. Sobre a personalidade de Deus 17
2. Se Deus é bom, por que não nos livra da dor? 25
3. O testemunho de alguns não é o testemunho de outros 35
4. A presença da tormenta não indica a ausência de Deus 47
5. Quebras inesperadas? 59
6. Eu sei que você está arrasada 67
7. Três coisas que eu não entendia 79
8. Reconstrua com os pedaços 95
9. Como responder aos desafios do processo 109
10. Cinquenta princípios dos quais você não deve se esquecer 121

Palavras finais 127

Prefácio

Gênesis, o primeiro livro da Bíblia, nos revela que o plano de Deus ao criar o homem não incluía dor, sofrimentos, amarguras ou doenças; pelo contrário, na mente do Criador o homem se multiplicaria e prosperaria na terra. Mas tudo isso se pôs a perder quando Adão decidiu virar as costas para Deus no jardim, e as consequências desse mal são visíveis em toda a raça humana, por meio de morte, doença, dor, sofrimento, tristeza, amargura, entre muitos outros danos.

Mas que bom que apareceu o segundo Adão, nosso Senhor e Salvador Jesus Cristo! Este veio para reconstruir tudo o que o primeiro Adão destruiu. Algo que está plenamente expresso nas palavras pronunciadas pelo próprio Jesus, na seguinte passagem:

> O Espírito do Senhor está sobre mim, porque ele me ungiu para anunciar boas-novas aos pobres. Enviou-me para proclamar liberdade aos cativos, dar vista aos cegos, para libertar os oprimidos, e anunciar o ano aceitável do Senhor (Lucas 4.18,19).

Essas palavras maravilhosas nos trazem ânimo ao saber que Deus enviou uma resposta ao mundo por meio de seu

Filho, para que a raça humana seja restaurada, apesar do que havia acontecido no começo.

Da mesma forma, podemos ver como, através dos tempos, Deus levanta homens e mulheres para trazer a resposta necessária em um período determinado. Levantou Moisés, os juízes e grandes profetas, como Elias e Eliseu, em meio a grandes crises, para por meio deles prover uma resposta. Do mesmo modo, acredito que este livro responde a muitas perguntas e é uma resposta de Deus para este tempo baseada em sua Palavra, para nos fazer entender sua soberania e que os seus propósitos vão muito além do que nossa mente humana possa compreender.

Neste livro, escrito pela pastora Yesenia Then, encontramos um conteúdo poderoso, com uma essência muito reveladora de Deus acerca de sua vontade para nossa vida, que nos é apresentada por meio de capítulos relevantes, por exemplo, "O testemunho de alguns não é o testemunho de outros", conteúdo que nos leva a entender que todos certamente temos de passar por fortes provações e processos na vida. Mas a maneira pela qual terminam nem sempre é igual, uma vez que depende do que o Senhor quer extrair de cada um de nós por meio deles.

"A presença da tempestade não indica a ausência de Deus" é uma poderosa revelação do Senhor à escritora! Nele, ela deixa registrado que mais importante do que as coisas que recebemos de Deus é ter nossa fé firme no Deus que nos dá as coisas; e que, embora na vida existam "golpes inesperados" e duros, se nos apegarmos ao Senhor, poderemos reconstruir, apesar de estarmos partidos em pedaços. Orientada pela direção de Deus, a autora nos ajuda a entender como fazer isso.

Prefácio

Portanto, testifico que o conteúdo que você tem em mãos é muito instrutivo, com base bíblica e uma explicação bem desenvolvida e objetiva, complementada com um testemunho poderoso sobre a vida pessoal da pastora Yesenia Then, que servirá de referência para você sobre como se manter firme em tempos de fortes crises.

Concluindo, sem medo de estar errado, acredito que neste livro Deus expressou sua vontade e revelação para um tempo como este, em que surgem perguntas que às vezes pressionam a fé de muitos até fazê-los ceder. Mas, por meio de sua serva e autora deste valioso conteúdo, o Senhor nos leva a entender que *enquanto existirem pedaços também haverá a possibilidade de formar deles grandes obras de arte*.

Que o Senhor abençoe essa mulher por deixar registrado em sua geração tantas respostas orientadas a afirmar nosso fundamento e redirecionar nossa fé, algo tão necessário. Deus a abençoe por permitir ser usada mais uma vez para reconstruir vidas, que o Inimigo, ao golpeá-las, erroneamente acreditou que não passariam de ruínas.

— JOSUÉ DRULLARD
Pastor da Igreja Monte de Sión

Introdução

*M*ais importante do que o que nos acontece é o que decidimos fazer com o que nos acontece. Isso se deve ao fato de que os mesmos acontecimentos que arruínam a vida de alguns são os que fortalecem e firmam a vida de outros, sem importar necessariamente como tal acontecimento termine. Uma vez que nos piores cenários da vida sempre haverá alguém como Daniel, a quem os leões não amedrontaram, e como Estêvão, a quem as pedras não intimidaram, embora certamente esses dois casos tenham terminado de forma diferente, ambas as personagens estavam dispostas a enfrentar com firmeza e coragem as diversas situações que tiveram de enfrentar. São apenas dois dos exemplos que você encontrará neste livro, que cremos servirão de muita edificação, fortalecimento e direção.

Por outro lado, nas páginas que você lerá em seguida (fazendo uso das Sagradas Escrituras) procuramos responder a muitas de suas possíveis perguntas, como as seguintes: Se Deus é bom, por que não evita que passemos pela dor? Como posso me recuperar diante da perda de um ente querido? Como faço para permanecer firme quando sou diagnosticado com uma enfermidade grave? Como posso me erguer de uma crise matrimonial? Como posso voltar a reconstruir quando sinto que tudo ao meu redor se rompeu?

Oramos para que o Senhor, por meio do Espírito Santo, conceda a você a sensibilidade necessária para que permita ser ministrado pelo conteúdo que ele permitiu que você tenha em mãos. Pois o tempo da aflição passou e a hora da reconstrução chegou. Levante-se, tome posse do que resta a você e RECONSTRUA COM OS SEUS PEDAÇOS!

Sobre a personalidade de Deus

Deus pode ser definido?

Durante centenas de anos, essa pergunta tem sido respondida de forma negativa por alguns estudiosos da Bíblia, dado o reconhecimento de que nenhuma definição poderia abarcar de modo completo a ideia em questão. No entanto, segundo outros pesquisadores, a definição de algo não necessariamente requer o conhecimento de todas as suas partes, mas seria suficiente mencionar um número adequado dos elementos que o diferenciam de outras coisas.

> Segundo alguns pesquisadores, a definição de algo não necessariamente requer o conhecimento de todas as suas partes.

Com base nessa última posição, Deus pode ser definido. De fato, são muitas as definições que se tem feito até aqui acerca de Deus. De modo geral, uma das mais aceitas é a seguinte: "Deus é o ser mais perfeito e a causa dos demais seres".

O propósito dessa definição é afirmar que Deus é o ser supremo, elevado sobre todos, que não tem de prestar contas a ninguém e que a ninguém pode ser comparado. No entanto, essa definição foi catalogada por outros como absolutamente insuficiente, visto que não menciona nada sobre os aspectos morais do Criador, motivo pelo qual muitos estudiosos do texto sagrado têm concluído que a definição mais aceitável acerca de Deus, em termos bíblicos, é a registrada no resumo teológico conhecido como "Confissão de Fé de Westminster", cuja tese tem a destacada superioridade de ser o trabalho combinado de muitos eruditos devotos, em vez de o produto de apenas um homem. Eis o que a Confissão diz:

1. "Há um só Deus vivo e verdadeiro, o qual é infinito em seu ser e em perfeição. Ele é um espírito puríssimo, invisível, sem corpo, sem membros, não sujeito a paixões; é imutável, imenso, eterno, incompreensível, onipotente, onisciente, santíssimo, completamente livre e absoluto, e tudo faz segundo o conselho da sua própria vontade, que é reta e imutável, e para a sua própria glória. É cheio de amor, gracioso, misericordioso, longânimo, muito bondoso e verdadeiro galardoardor dos que o buscam, e, contudo, justíssimo e terrível em seus juízos, pois odeia todo o pecado; de modo algum terá por inocente o culpado.

2. "Deus tem, em si mesmo, e de si mesmo, toda a vida, glória, bondade e bem-aventurança. Ele é todo-suficiente em si e para si, pois não precisa das criaturas que trouxe à existência; não deriva delas glória alguma, mas somente manifesta a sua glória nelas, por elas, para elas e sobre elas. Ele é a única origem de todo o ser; dele, por ele e para ele são todas as coisas e sobre elas tem ele soberano domínio para fazer com

elas, para elas e sobre elas tudo quanto quiser. Todas as coisas estão patentes e manifestas diante dele; o seu saber é infinito, infalível e independente da criatura, de sorte que para ele nada é contingente ou incerto [...]" (*Confissão de Fé de Westminster,* cap. 2, De Deus e da Santíssima Trindade).[1]

Alguns dos atributos de Deus

Um atributo é a qualidade ou característica própria e inerente de quem possui tal atributo. Em relação aos atributos de Deus, há uma classificação deles que representa as características de nosso Criador, que são próprias apenas dele e não se encontram em nenhum ser criado, que são: a onipotência, a onisciência e a onipotência.

Outra classificação desses atributos de Deus representa as características de Deus que, em um nível limitado, se encontram também nos seres criados. Mas os atributos que na pessoa de Deus são perfeitos e ilimitados, no homem são imperfeitos e limitados. Por exemplo: amor, verdade, fidelidade e justiça são apenas algumas das realidades que pertencem tanto a Deus como ao homem, embora em grande desigualdade na medida em que apresentam essas qualidades, em razão da absoluta perfeição de Deus em todas as suas manifestações.

A onisciência: A onisciência de Deus compreende todas as coisas passadas, presentes e futuras. Por ordem divina, tudo o que acontece na terra segue uma sequência e uma

---

[1] Disponível em: <https://www.ipb.org.br/ipb/doutrina>. Acesso em: 1º out. 2019.

ordem cronológica. Mas para Deus as coisas do passado são tão reais como se fossem presentes, e as coisas do futuro são tão reais como se fossem do passado, como expressado no texto de Romanos 4.17: "chama à existência as coisas que não são como se já fossem". Por isso, todas as suas obras desde a fundação do mundo são perfeitamente conhecidas por ele, como se estivessem acontecendo agora mesmo.

Para entender melhor essa verdade, vamos usar o seguinte exemplo: Um homem parado no meio de determinada rua só consegue ver o espaço ao redor de onde se encontra parado, sem poder apreciar tudo o que tem além, dada a sua limitação física e sua posição em tal lugar. De igual modo, o homem observa as obras de Deus. Mas, da mesma forma que alguém que contempla de um lugar alto vê absolutamente todo o espaço de relance, Deus vê seu programa de acontecimentos na totalidade de sua unidade. Assim como o salmista expressou: "O Senhor olha desde os céus e vê todos os filhos dos homens; da sua morada contempla todos os moradores da terra" (Salmos 33.13,14).

Portanto, a onisciência traz à mente de Deus todas as coisas passadas, presentes e futuras com igual realidade.

A soberania: A soberania de Deus representa sua absoluta capacidade de pôr em prática sua santa vontade e supremacia. Por ser absolutamente independente, faz o que bem entende e ninguém pode demovê-lo ou impedi-lo.

Sobre isso, sua Palavra declara o seguinte:

> Lembrai-vos das coisas passadas da antiguidade; eu sou Deus, e não há outro; eu sou Deus, e não há outro semelhante a mim. Eu anuncio o fim desde o princípio, desde a antiguidade as coisas que ainda não

Sobre a personalidade de Deus

sucederam. Eu digo: O meu propósito subsistirá, e farei toda a minha vontade (Isaías 46.9,10).

No entanto, embora a supremacia de Deus não tenha restrições, existem certos princípios em que sua perfeição se baseia. Por exemplo:

- **Deus não pode fazer nada que vá contra seu próprio caráter**: Pelo fato de Deus ser imutável, suas palavras devem refletir sua integridade. Deus não mente e em todos os casos manifesta sua veracidade e cumpre todas as promessas que faz.

> Deus não é homem para que minta nem filho do homem para que se arrependa. Porventura tendo ele dito, não o fará? Ou, tendo falado, não o realizará? (Números 23.19)

- **Deus não pode ser tentado pelo mal**: Não existe nenhuma parte na natureza de Deus que possa ser tentada pelo mal; e, embora constantemente nos prove, ele não tenta ninguém.

> A soberania de Deus representa sua absoluta capacidade de pôr em prática sua santa vontade e supremacia.

Ao contrário disso, usa seu poder ilimitado para nos ajudar a resistir e escapar das tentações a que somos expostos.

> Ninguém, ao ser tentado, diga: Sou tentado por Deus. Pois Deus não pode ser tentado pelo mal, e ele a ninguém tenta. (Tiago 1.13)
>
> Não veio sobre vós tentação, senão humana. E fiel é Deus, que não vos deixará tentar acima do que podeis resistir, antes com a tentação dará também o escape, para que a possais suportar. (1Coríntios 10.13)

- **Deus não pode forçar ninguém a amá-lo**. O fato de Deus ser absolutamente soberano não implica que tudo o que o homem escolha fazer ou não fazer segundo sua própria vontade seja preordenado por Deus desde a eternidade, uma vez que, sem o poder de escolher, o homem não poderia receber nenhuma recompensa moral ou espiritual da parte de Deus. Isso se torna evidente repetidas vezes no chamado à obediência que Deus faz aos homens, como podemos ver nos seguintes exemplos:

> "[...] escolhei hoje a quem sirvais" (Josué 24.15); "Se quiserdes e me ouvirdes, comereis o bem desta terra" (Isaías 1.19); "Eis que estou à porta e bato. Se alguém ouvir a minha voz e abrir a porta, entrarei em sua casa e com ele cearei, e ele comigo" (Apocalipse 3.20).

A bondade: O homem como ser criado, por ser feito à imagem e semelhança de Deus, possuía certa medida de bondade, mas Deus é absolutamente bom. Ele não somente faz o bem, mas é a própria bondade. A bondade na criatura é como uma gota, ao passo que no Criador é como um oceano infinito. Portanto, Deus não é apenas o maior de todos os seres, mas também o melhor. Eternamente bom e mesmo antes de exercitar sua bondade ao homem, ele já era bom. "O Senhor é bom para todos; tem compaixão de todas as suas obras." (Salmos 145.9)

> E não vos conformeis com este mundo, mas transformai-vos pela renovação do vosso entendimento, para que experimenteis qual seja a boa, agradável e perfeita vontade de Deus. (Romanos 12.2)

Sobre a personalidade de Deus

sucederam. Eu digo: O meu propósito subsistirá, e farei toda a minha vontade (Isaías 46.9,10).

No entanto, embora a supremacia de Deus não tenha restrições, existem certos princípios em que sua perfeição se baseia. Por exemplo:

- **Deus não pode fazer nada que vá contra seu próprio caráter**: Pelo fato de Deus ser imutável, suas palavras devem refletir sua integridade. Deus não mente e em todos os casos manifesta sua veracidade e cumpre todas as promessas que faz.

> Deus não é homem para que minta nem filho do homem para que se arrependa. Porventura tendo ele dito, não o fará? Ou, tendo falado, não o realizará? (Números 23.19)

- **Deus não pode ser tentado pelo mal**: Não existe nenhuma parte na natureza de Deus que possa ser tentada pelo mal; e, embora constantemente nos prove, ele não tenta ninguém.

> A soberania de Deus representa sua absoluta capacidade de pôr em prática sua santa vontade e supremacia.

Ao contrário disso, usa seu poder ilimitado para nos ajudar a resistir e escapar das tentações a que somos expostos.

> Ninguém, ao ser tentado, diga: Sou tentado por Deus. Pois Deus não pode ser tentado pelo mal, e ele a ninguém tenta. (Tiago 1.13)

> Não veio sobre vós tentação, senão humana. E fiel é Deus, que não vos deixará tentar acima do que podeis resistir, antes com a tentação dará também o escape, para que a possais suportar. (1Coríntios 10.13)

- **Deus não pode forçar ninguém a amá-lo**. O fato de Deus ser absolutamente soberano não implica que tudo o que o homem escolha fazer ou não fazer segundo sua própria vontade seja preordenado por Deus desde a eternidade, uma vez que, sem o poder de escolher, o homem não poderia receber nenhuma recompensa moral ou espiritual da parte de Deus. Isso se torna evidente repetidas vezes no chamado à obediência que Deus faz aos homens, como podemos ver nos seguintes exemplos:

> "[...] escolhei hoje a quem sirvais" (Josué 24.15); "Se quiserdes e me ouvirdes, comereis o bem desta terra" (Isaías 1.19); "Eis que estou à porta e bato. Se alguém ouvir a minha voz e abrir a porta, entrarei em sua casa e com ele cearei, e ele comigo" (Apocalipse 3.20).

A bondade: O homem como ser criado, por ser feito à imagem e semelhança de Deus, possuía certa medida de bondade, mas Deus é absolutamente bom. Ele não somente faz o bem, mas é a própria bondade. A bondade na criatura é como uma gota, ao passo que no Criador é como um oceano infinito. Portanto, Deus não é apenas o maior de todos os seres, mas também o melhor. Eternamente bom e mesmo antes de exercitar sua bondade ao homem, ele já era bom. "O Senhor é bom para todos; tem compaixão de todas as suas obras." (Salmos 145.9)

> E não vos conformeis com este mundo, mas transformai-vos pela renovação do vosso entendimento, para que experimenteis qual seja a boa, agradável e perfeita vontade de Deus. (Romanos 12.2)

Sobre a personalidade de Deus

Mas... como podemos ver a bondade de Deus no sofrimento?

Perguntar "Como podemos ver a bondade de Deus no sofrimento?" é como perguntar "Como podemos ver o Universo sem um telescópio?". Porque tentar ver a bondade de Deus sem conhecer Deus é simplesmente impossível.

O que nos permite conhecer Deus é sua Palavra. Portanto, para que possamos conhecê-lo, ele nos deixou sua vontade escrita. A Palavra de Deus é como o telescópio de sua infinitude. No entanto, deve-se destacar que, embora tenhamos um telescópio e possamos ver o Universo por intermédio dele, precisamos compreender a magnitude do que vemos. Da mesma forma, para conhecer a bondade de Deus em meio à dor, precisamos de sua Palavra, que é como o telescópio, mas também devemos ter uma revelação adequada acerca de quem ele é, para saber o que teremos à nossa frente.

> O que nos permite conhecer Deus é sua Palavra. Portanto, para que possamos conhecê-lo, ele nos deixou sua vontade escrita.

Sobre isso, Deus estabelece em sua Palavra o seguinte:

> *"[...] mas o que se gloriar glorie-se nisto: em me conhecer e saber que eu sou o Senhor, que faço misericórdia, juízo e justiça na terra, porque dessas coisas me agrado, diz o Senhor" (Jeremias 9.24).*

Desse modo, é o fato de conhecer e ter uma clara revelação sobre Deus que nos ajudará a entendê-lo, aceitá-lo e dar-lhe glória, mesmo nos momentos mais dolorosos; enfrentar tais circunstâncias sem a revelação devida nos faria semelhantes a um terreno em que o Adversário não perderá a oportunidade de nos encher de amargura, confusão e ressentimento.

Princípios do capítulo

1. Existem características de Deus que, em um nível limitado, se encontram também nos seres criados. Mas os atributos que na pessoa de Deus são perfeitos e ilimitados, no homem são imperfeitos e limitados.

2. Pelo fato de Deus ser imutável, suas palavras devem refletir sua integridade. Deus não mente e em todos os casos manifesta sua veracidade e cumpre todas as promessas que faz.

3. Não existe nenhuma parte na natureza de Deus que possa ser tentada pelo mal; e, embora constantemente nos prove, ele não tenta ninguém. Ao contrário disso, usa seu poder ilimitado para nos ajudar a resistir e escapar das tentações a que somos expostos.

4. Por ordem divina, tudo o que acontece na terra segue uma sequência e uma ordem cronológica. Mas para Deus as coisas do passado são tão reais como se fossem presentes, e as coisas do futuro são tão reais como se fossem do passado.

5. Perguntar "Como podemos ver a bondade de Deus no sofrimento?" é como perguntar "Como podemos ver o Universo sem um telescópio?". Porque tentar ver a bondade de Deus sem conhecer Deus é simplesmente impossível.

Sobre a personalidade de Deus

Mas... como podemos ver a bondade de Deus no sofrimento?

Perguntar "Como podemos ver a bondade de Deus no sofrimento?" é como perguntar "Como podemos ver o Universo sem um telescópio?". Porque tentar ver a bondade de Deus sem conhecer Deus é simplesmente impossível. O que nos permite conhecer Deus é sua Palavra. Portanto, para que possamos conhecê-lo, ele nos deixou sua vontade escrita. A Palavra de Deus é como o telescópio de sua infinitude. No entanto, deve-se destacar que, embora tenhamos um telescópio e possamos ver o Universo por intermédio dele, precisamos compreender a magnitude do que vemos. Da mesma forma, para conhecer a bondade de Deus em meio à dor, precisamos de sua Palavra, que é como o telescópio, mas também devemos ter uma revelação adequada acerca de quem ele é, para saber o que teremos à nossa frente.

> O que nos permite conhecer Deus é sua Palavra. Portanto, para que possamos conhecê-lo, ele nos deixou sua vontade escrita.

Sobre isso, Deus estabelece em sua Palavra o seguinte:

> "[...] mas o que se gloriar glorie-se nisto: em me conhecer e saber que eu sou o Senhor, que faço misericórdia, juízo e justiça na terra, porque dessas coisas me agrado, diz o Senhor" (Jeremias 9.24).

Desse modo, é o fato de conhecer e ter uma clara revelação sobre Deus que nos ajudará a entendê-lo, aceitá-lo e dar-lhe glória, mesmo nos momentos mais dolorosos; enfrentar tais circunstâncias sem a revelação devida nos faria semelhantes a um terreno em que o Adversário não perderá a oportunidade de nos encher de amargura, confusão e ressentimento.

Princípios do capítulo

1. Existem características de Deus que, em um nível limitado, se encontram também nos seres criados. Mas os atributos que na pessoa de Deus são perfeitos e ilimitados, no homem são imperfeitos e limitados.

2. Pelo fato de Deus ser imutável, suas palavras devem refletir sua integridade. Deus não mente e em todos os casos manifesta sua veracidade e cumpre todas as promessas que faz.

3. Não existe nenhuma parte na natureza de Deus que possa ser tentada pelo mal; e, embora constantemente nos prove, ele não tenta ninguém. Ao contrário disso, usa seu poder ilimitado para nos ajudar a resistir e escapar das tentações a que somos expostos.

4. Por ordem divina, tudo o que acontece na terra segue uma sequência e uma ordem cronológica. Mas para Deus as coisas do passado são tão reais como se fossem presentes, e as coisas do futuro são tão reais como se fossem do passado.

5. Perguntar "Como podemos ver a bondade de Deus no sofrimento?" é como perguntar "Como podemos ver o Universo sem um telescópio?". Porque tentar ver a bondade de Deus sem conhecer Deus é simplesmente impossível.

Se Deus é bom, por que não nos livra da dor?

Além do que já foi exposto no primeiro capítulo deste livro, existe outra verdade da qual não podemos duvidar jamais, que é: **Ninguém nos ama como Deus nos ama**. De fato, acerca do amor do Senhor por nós, sua Palavra claramente afirma que nós o amamos porque ele nos amou primeiro (cf. 1João 4.19).

No entanto, ao considerar isso, inevitavelmente surgem as seguintes perguntas: Se Deus nos ama tanto, e em sua soberania pode fazer tudo o que quer, por que permite que passemos por situações dolorosas? Por que não nos livra de adversidades tão tortuosas como as que temos de atravessar?

As causas pelas quais Deus permite que passemos por situações de dor e angústia são muitas vezes inexplicáveis, e o fato de se buscar respostas em meio a tais acontecimentos só nos faz cair em um estado de angústia e lamento muito mais profundo do que o que sentimos quando, apesar de não entender o "porquê" do que passamos, nos refugiamos naquele que é nossa Rocha e que sempre permanecerá firme, embora tudo ao redor desmorone.

Pois bem, assim como carecemos de resposta para entender muitos dos acontecimentos que temos de enfrentar ou que vemos outros terem de atravessar (tomando como base a Palavra de Deus), podemos apreciar várias das causas pelas quais às vezes estamos expostos a tais acontecimentos, como as seguintes:

1. O gemer da terra por causa da desobediência do homem

De acordo com o estabelecido acerca da origem da criação, quando Deus criou a natureza, tudo o que fez era absolutamente bom: "Viu Deus tudo o que tinha feito, e que era muito bom" (Gênesis 1.31).

Antes de o pecado entrar em cena, havia uma harmonia perfeita entre o homem, os animais e a natureza. Mas, quando Adão e Eva se desviaram do que Deus lhes ordenou, a quebra dessa harmonia foi parte das consequências que eles tiveram de enfrentar por causa da desobediência, e na passagem a seguir se estabelece a sentença:

> Ao homem disse: Porque deste ouvidos à voz de tua mulher e comeste da árvore de que te ordenei não comesse, maldita é a terra por tua causa; em fadiga comerás dela todos os dias da tua vida. Ela produzirá também espinhos e ervas daninhas, e tu comerás das plantas do campo (Gênesis 3.17,18).

Por esse motivo, a natureza já não tem uma ordem perfeita e, apesar de haver muitas coisas boas nela, também acontecem desastres, como terremotos, *tsunamis*, inundações, furacões, tornados, entre outros, razão pela qual pessoas inocentes, mas também indolentes, perdem a vida ou

Se Deus é bom, por que não nos livra da dor?

sofrem danos irreparáveis, uma vez que as consequências do pecado não apenas alcançaram Adão e Eva, mas também todo o gênero humano. Portanto, esses acontecimentos não são diretamente "obra de Deus", mas parte do resultado da imperfeição que entrou no mundo por intermédio da desobediência do homem.

Pois bem, embora seja verdade afirmar que Deus não é o autor do sofrimento que procede dos desastres naturais, não menos verdadeiro é o fato de que, por causa desse sofrimento, depois de enfrentar situações como essas, muitas pessoas mudam para melhor. Esse é o caso de famílias que deixam de lado suas diferenças e permanecem unidas diante de tais ataques; pessoas que aprendem a valorizar aqueles que têm acima das coisas que possuem; e outros que, por causa das circunstâncias dolorosas que surgem diante deles, começam a ver Deus como prioridade, não como uma simples opção.

> Na minha angústia invoquei o Senhor; clamei ao meu Deus. Do seu templo ele ouviu a minha voz; aos seus ouvidos chegou o meu clamor perante a sua face. (Salmos 18.6)

2. As consequências que surgem por causa da nossa própria desobediência

Deus está sempre disposto a perdoar até os pecados mais horríveis que o ser humano possa cometer, sempre que reconhecemos o erro e decidimos nos afastar do mal que praticamos. Assim como sua Palavra nos diz nas seguintes passagens:

> O que encobre as suas transgressões nunca prosperará, mas o que as confessa e deixa alcançará misericórdia (Provérbios 28.13).

> Vinde e conversemos, diz o Senhor: Ainda que os vossos pecados sejam como a escarlata, eles se tornarão brancos como a neve; ainda que sejam vermelhos como o carmesim, se tornarão como a branca lã (Isaías 1.18).

Não resta nenhuma dúvida de que o fato de poder receber perdão e restauração da parte de Deus é o presente mais valioso e extraordinário que ele concedeu aos seres humanos, uma vez que, ao não contar com esse favor, não teríamos como ser aceitos pelo Senhor, por causa da natureza caída que carregamos dentro de nós.

> **Deus está sempre disposto a perdoar [...] sempre que reconhecemos o erro e decidimos nos afastar do mal que praticamos.**

> [...] pois todos pecaram e destituídos estão da glória de Deus. (Romanos 3.23)

> Mas Deus prova o seu amor para conosco pelo fato de que Cristo morreu por nós, sendo nós ainda pecadores. (Romanos 5.8)

Por isso, devemos dar graças continuamente a Deus por nos ter dado acesso a ele por meio do sacrifício do nosso Senhor Jesus Cristo. No entanto, isso nem sempre significa que estaremos isentos das consequências que esses pecados nos trazem. Pelo contrário, o fato de que às vezes temos de enfrentar as consequências dos nossos atos pecaminosos constitui uma das maneiras mais eficazes de Deus nos fazer reconsiderar e nos levar ao arrependimento sincero pelo mal que praticamos.

A Bíblia chama esse modo de lidar com o ser humano de disciplina. Pois, assim como os pais que realmente amam seus filhos os disciplinam, Deus mostra seu amor e paternidade responsável em relação a nós ao permitir que

Se Deus é bom, por que não nos livra da dor?

enfrentemos as consequências de nossos atos pecaminosos em certas ocasiões.

Algo que geralmente acontece com aqueles pecados que nos endurecem e nos quais decidimos permanecer, apesar de Deus lidar conosco para que nos afastemos deles. Por esse motivo, sua Palavra nos exorta: "Filho meu, não rejeites a disciplina do Senhor nem te enojes da sua repreensão, porque o Senhor corrige aquele a quem ama, assim como o pai ao filho, a quem quer bem" (Provérbios 3.11,12).

No entanto, ainda que certamente o Senhor nos permita enfrentar certas situações, por motivos de desobediência ao conselho do Espírito Santo, se no meio da adversidade buscarmos Deus de todo o coração, ele nos dará a sabedoria, a força e a graça suficientes para responder como ele espera que façamos diante de tais consequências.

> Deus tem um propósito supremo, que simplesmente excede em muito a nossa capacidade de compreensão.

3. Sua decisão de nos fazer conhecê-lo de forma diferente

Outra causa de às vezes o Senhor nos permitir passar por situações dolorosas: ele quer se revelar a nós de maneira diferente. Como aconteceu com Jacqueline Batista, uma das coordenadoras do ministério de serviço do Centro Cristiano Soplo de Vida, quando o marido dela ficou doente. Aqui está o relato da própria Jacqueline:

> Quando conheci Pedro, que se tornaria o meu marido, eu era uma mãe solteira que criava dois filhos sozinha. Pedro era um homem simpático, com muito carisma e grande personalidade, e também gostava muito de crianças. Todas essas qualidades, além de muitas outras, me fizeram

entender que ele era a resposta para minhas orações, pois por muitos anos eu orei a Deus pedindo que ele não apenas me desse um marido, mas também um pai para meus filhos. Depois de um tempo nos casamos e ele se tornou meu companheiro inseparável e um pai superamoroso para os meus filhos. Foi então, especificamente em 2004, quando aceitamos o Senhor juntos e começamos a servi-lo com muito amor e entusiasmo na igreja onde nos reuníamos.

Depois de um tempo, o crescimento de Pedro foi tão notável que ele foi nomeado líder de louvor da igreja, enquanto eu fui designada como uma das conselheiras da congregação, e juntos trabalhamos no ministério de casais da igreja. Estávamos totalmente comprometidos com o serviço de Deus. Mas, em 2015, Pedro começou a ter problemas de saúde, e, quando decidimos fazer os exames necessários para identificar a origem desses desconfortos, foi encontrado um nódulo em sua tireoide, que acabou sendo cancerígeno. Essa notícia foi devastadora, mas estávamos confiantes de que o Senhor o curaria e que, por causa de seu cuidado conosco, o processo seria simples e sem maiores complicações.

Os médicos decidiram fazer uma cirurgia para remover o nódulo que foi encontrado, mas o procedimento foi complicado. Como suas cordas vocais foram tocadas, isso impediu que ele pudesse cantar novamente para o Senhor. Foi assim que aquele adorador apaixonado, que era o líder do louvor da congregação, ficou sem voz para adorar ao Senhor, o que para Pedro acabou sendo um golpe mais duro e difícil de suportar do que a própria doença.

Enquanto isso, os membros da congregação, junto com muitos pastores e profetas que nos conheciam, nos davam palavras de encorajamento, e a maioria concordava em que Deus iria curá-lo. No entanto, apesar de todas as palavras que recebemos, Pedro teve que passar por mais duas cirurgias. Mas continuamos a acreditar que Deus o curaria, mesmo que nossos olhos estivessem vendo tudo ao contrário. E, precisamente por ver ao contrário, a minha fé foi violentamente abalada, pois, ao mesmo tempo que recebíamos apoio e esperança por meio de muitas profecias, também

Se Deus é bom, por que não nos livra da dor?

lidávamos com perguntas como: Por que isso acontece com você, se você serve ao Senhor? Por que Deus não cura Pedro, se ele é um adorador apaixonado? O que você fez para merecer algo assim?

Depois de uma longa e difícil batalha, apenas um ano depois do diagnóstico daquela doença, em vez de ser curado, o meu marido faleceu. Isso representou para mim um golpe duplo, porque, além da terrível dor que sentia pela perda do meu marido, também fiquei confusa e decepcionada com esse acontecimento, uma vez que eu sempre acreditei que Deus iria levantá-lo, mesmo que fosse no momento de sua morte.

Orei e jejuei continuamente por esse milagre, e muitas pessoas de Deus também fizeram isso comigo; no entanto, o milagre não aconteceu. Não porque Deus não poderia fazer isso, mas, sim, porque fazê-lo não estava dentro de sua vontade.

Depois que o meu marido morreu, fiquei muito frágil e machucada, e passei a perguntar-lhe com frequência: "Meu Deus, por que não o curaste? Eu não entendo o propósito de tudo isso. Diga-me agora que testemunho eu vou dar quando ouvir outros dizerem: 'Eu estava doente, e Deus me curou'. Ou: 'Meu filho teve uma doença assim, e o Senhor o curou'? Diga-me Deus, qual será o meu testemunho? O que vou dizer sobre tudo isso?".

Porque para a maioria de nós é difícil aceitar a vontade de Deus, quando essa vontade é contrária à nossa.

No entanto, embora não tenha achado conforto por um tempo, levei minhas feridas perante o Senhor e lhe apresentei minha dor, e pouco a pouco ele foi restaurando e curando o meu coração.

Eu me apeguei a suas promessas, e todos os dias Deus me dava ferramentas que me ajudavam e respondiam a todas as minhas perguntas. Foi nessa época que conheci a pastora Yesenia Then, por meio de um vídeo que encontrei nas redes sociais, e fui bastante edificada, uma vez que as mensagens que o Senhor colocava em sua boca tocavam o meu coração e, por meio dessas palavras, Deus me deu um novo nível de compreensão.

Aprendi que Deus é soberano e que ele faz o que quer; que nossa vida é um presente de Deus e que nossa passagem por este mundo é apenas um tempo empres-

> Para a maioria de nós é difícil aceitar a vontade de Deus, quando essa vontade é contrária à nossa.

tado. Aprendi a não pretender manipular Deus com minhas orações e que a maneira correta de orar pelas situações adversas que enfrentamos é dizendo o que Jesus disse em seu momento de agonia: "Meu Pai, se possível, passa de mim este cálice! Todavia, não seja como eu quero, mas como tu queres" (Mateus 26.39).

Finalmente, entendi que, nessa situação, eu só tinha duas opções: ficar amargurada e culpar Deus pela minha desgraça ou agradecer-lhe pela oportunidade que me havia concedido de conhecer o meu marido e tê-lo na vida, embora por menos tempo do que eu gostaria; e escolhi a melhor opção. Essa decisão me faz viver todos os dias agradecendo a Deus por todas as suas bênçãos e por sua (às vezes incom-

> Nossa vida é um presente de Deus e [...] nossa passagem por este mundo é apenas um tempo emprestado.

preensível, embora perfeita) soberania.

Atualmente, pertenço ao Centro Cristiano Soplo de Vida, faço parte do Ministério do Serviço e dirijo um dos grupos de mulheres que compõem a igreja. Além disso, compartilho continuamente a Palavra de Deus por meio de algumas redes sociais.

> Pois os meus pensamentos não são os vossos pensamentos, nem os vossos caminhos os meus caminhos, diz o Senhor. Assim como os céus são mais altos do que a terra, assim são os meus caminhos mais altos do que os vossos caminhos, e os meus pensamentos mais altos do que os vossos pensamentos. (Isaías 55.8,9)

Se Deus é bom, por que não nos livra da dor?

Princípios do capítulo

1. As causas pelas quais Deus permite que passemos por situações de dor e angústia são muitas vezes inexplicáveis, e o fato de se buscar respostas em meio a tais acontecimentos só nos faz cair em um estado de angústia e lamento.

2. Poder receber perdão e restauração da parte de Deus é o presente mais valioso e extraordinário que ele concedeu aos seres humanos.

3. O fato de que às vezes temos de enfrentar as consequências dos nossos atos pecaminosos constitui uma das maneiras mais eficazes de Deus nos fazer reconsiderar e nos levar ao arrependimento sincero pelo mal que praticamos.

4. Quando Deus decide nos fazer passar por circunstâncias dolorosas, restam apenas duas alternativas: Ou nos desanimamos ou aceitamos as ações de sua soberania.

5. Deus tem um propósito supremo com cada acontecimento que ele nos permite passar, o que simplesmente excede em muito a nossa capacidade de compreensão e que talvez só sejamos capazes de entender quando alcançarmos a eternidade.

O testemunho de alguns não é o testemunho de outros

A Bíblia relata várias histórias fascinantes sobre como Deus, com seu majestoso poder, livrou muitos de seus servos de variados acontecimentos que tinham como objetivo destruí-los. Esse foi o caso de Daniel na cova dos leões, um dos mais citados e que também tomamos como um dos exemplos bíblicos que usaremos no desenvolvimento do presente capítulo. No entanto, para entender melhor esse acontecimento, vamos estabelecer o fundamento apropriado.

Quando o povo de Israel parou de seguir Deus para se dedicar à adoração dos ídolos de outras nações, o Senhor o entregou nas mãos de Nabucodonosor, rei da Babilônia, e ali ficou em cativeiro por setenta anos. Em relação a isso, vale ressaltar o fato de que foi o próprio Deus quem escolheu Nabucodonosor como "seu servo" para fazer os israelitas reconhecerem o pecado de terem se afastado do caminho que ele lhes havia ordenado que seguissem (cf. Jeremias 27.5-9).

Antes desse acontecimento, Deus advertiu a nação de Israel ao longo de muitos anos, por meio de seus profetas fiéis, de que se afastasse de seus maus caminhos, mas o povo

RECONSTRUA COM OS SEUS PEDAÇOS

não atendeu ao apelo. Então, ao ser usado pelo Senhor para trazer arrependimento ao povo, Nabucodonosor atacou Jerusalém três vezes:

1. O primeiro ataque ocorreu em 606 a.c., quando os babilônios tomaram parte dos utensílios do templo que Salomão construíra e levaram Daniel em cativeiro, junto com outros jovens da linhagem real.
2. O segundo ataque se deu quando ele levou consigo um número maior de cativos do que havia levado antes, incluindo o profeta Ezequiel.
3. O terceiro ataque foi no ano 587 a.c., quando Nabucodonosor ordenou que incendiassem a cidade.

No entanto, apesar de Daniel ter sido levado entre os cativos, ele foi honrado pelo rei Nabucodonosor, que lhe deu um alto cargo no Império Babilônico. No tempo determinado, como foi previsto, esse império caiu e em seu lugar se ergueu o Império Medo-Persa. Contudo, nos dois impérios Daniel manteve uma posição de grande importância dentro do palácio, cumprindo fielmente seus deveres para o bem do governo e dando um bom testemunho sobre Deus. Mas, como a Bíblia diz: "Também vi que todo trabalho e toda destreza em obras trazem ao homem a inveja do seu próximo" (Eclesiastes 4.4) e o caso de Daniel não foi exceção. Observemos:

> "[...] todo trabalho e toda destreza em obras trazem ao homem a inveja do seu próximo."

> Pareceu bem a Dario constituir sobre o reino a cento e vinte sátrapas, que estivessem sobre todo o reino, e sobre eles três presidentes, dos quais

O testemunho de alguns não é o testemunho de outros

Daniel era um, aos quais estes sátrapas dessem conta, para que o rei não sofresse dano. Então o mesmo Daniel se distinguiu destes presidentes e sátrapas, porque nele havia um espírito excelente, e o rei pensava constituí--lo sobre todo o reino. Os presidentes e os sátrapas procuravam achar ocasião contra Daniel a respeito do reino, mas não podiam achar ocasião ou culpa alguma, porque ele era fiel, e não se achava nele nenhum vício nem culpa. Então estes homens disseram: Nunca acharemos ocasião alguma contra este Daniel, se não a procurarmos contra ele na lei do seu Deus. Estes presidentes e sátrapas foram juntos ao rei e disseram-lhe: Ó rei Dario, vive para sempre! Todos os presidentes do reino, os prefeitos e sátrapas, conselheiros e governadores, concordaram em que o rei devia baixar um decreto e fazer firme o interdito, que qualquer que, por espaço de trinta dias, fizer uma petição a qualquer deus, ou a qualquer homem, e não a ti, ó rei, seja lançado na cova dos leões. Agora, ó rei, estabelece o decreto e assina a escritura, para que não seja mudada, conforme a lei dos medos e dos persas, que não se pode revogar. Por esta causa, o rei Dario assinou a escritura e o decreto. Ora, quando Daniel soube que a escritura estava assinada, entrou em sua casa, no seu quarto em cima, onde estavam abertas as janelas para o lado de Jerusalém, e, três vezes ao dia, se punha de joelhos, orava e dava graças, diante do seu Deus, como também antes costumava fazer. Aqueles homens foram juntos e encontraram Daniel orando e suplicando diante do seu Deus. Apresentaram-se ao rei e disseram: No tocante ao mandamento real, não assinaste o decreto, pelo qual todo homem que fizesse uma petição a qualquer deus, ou a qualquer homem, por espaço de trinta dias, e não a ti, ó rei, seria lançado na cova dos leões? Respondeu o rei: Esta palavra é certa, conforme a lei dos medos e dos persas, que não se pode revogar. E responderam diante do rei: Daniel, que é dos transportados de Judá, não tem feito caso de ti, ó rei, nem do decreto que assinaste, antes três vezes por dia faz a sua oração. Ouvindo então o rei o negócio, ficou muito penalizado, e a favor de Daniel propôs no coração livrá-lo, e até o pôr do sol trabalhou por salvá-lo. Então aqueles homens foram juntos ao rei e lhe disseram: Sabe, ó rei, que é uma lei dos medos e dos persas que nenhum edito ou decreto, que o rei estabeleça, se

RECONSTRUA COM OS SEUS PEDAÇOS

pode mudar. O rei ordenou que trouxessem Daniel e o lançassem na cova dos leões. Disse o rei a Daniel: O teu Deus, a quem tu continuamente serves, ele te livrará. Foi trazida uma pedra e posta sobre a boca da cova, e o rei a selou com o seu anel e com o anel dos seus grandes, para que não se mudasse a situação de Daniel. O rei, então, se dirigiu ao seu palácio, passou a noite em jejum e não deixou trazer à sua presença instrumentos de música. E fugiu dele o sono. Pela manhã, à primeira luz da aurora, levantou-se o rei e foi com pressa à cova dos leões. Chegando-se à cova, chamou por Daniel com voz de angústia: Daniel, servo do Deus vivo, será que o teu Deus, a quem tu continuamente serves, tenha podido livrar-te dos leões? Daniel respondeu ao rei: Ó rei, vive para sempre! O meu Deus enviou o seu anjo e fechou a boca dos leões, para que não me fizessem dano, porque foi achada em mim inocência diante dele. Também contra ti, ó rei, não cometi delito algum. O rei, então, muito se alegrou e mandou tirar Daniel da cova. Quando Daniel foi tirado da cova, nenhum dano se achou nele, porque crera no seu Deus. Ordenou o rei, e foram trazidos aqueles homens que tinham acusado Daniel, e foram lançados na cova dos leões, eles, seus filhos e suas mulheres. E ainda não tinham chegado ao fundo da cova, e já os leões se apoderaram deles e lhes esmigalharam todos os ossos (Daniel 6.1-24).

Nessa passagem, podemos observar vários elementos importantes. Mas, a fim de enfocar melhor o nosso ponto, passaremos a destacar apenas três:

1. Deus sempre nos dá o que precisamos para cumprir plenamente o propósito que ele nos designou (cf. 6.3).
2. Ter um espírito superior aos que estavam com ele nunca levou Daniel a se sentir autossuficiente (cf. 6.10).
3. Os ataques que Deus decide não impedir que nos alcancem, é porque ele os usará para obter deles um testemunho glorioso (cf. 6.26-28).

O fato de Deus ter permitido que Daniel fosse jogado na cova dos leões foi o que precisamente serviu de ponte para que seu poder fosse reconhecido por todo aquele império, que, se não testemunhasse um evento tão maravilhoso, teria permanecido endurecido quanto à forma pela qual deveria ver a Deus.

> Então o rei Dario escreveu a todos os povos, nações e gente de diferentes línguas, que moram em toda a terra: A paz vos seja multiplicada. Da minha parte é feito um decreto, pelo qual em todo o domínio do meu reino os homens tremam e temam perante o Deus de Daniel, porque ele é o Deus vivo e permanece para sempre, o seu reino não se pode destruir, e o seu domínio jamais terá fim. Ele livra e salva; opera sinais e maravilhas no céu e na terra. Ele livrou Daniel do poder dos leões. (Daniel 6.25-27)

O que aconteceu com Daniel nessa história, mais uma vez deixa perfeitamente claro que Deus tem todo o poder de livrar-nos de qualquer adversidade, por mais terrível que seja. No entanto, nem todos os testemunhos terminam dessa forma, e a maneira pela qual Deus decide pôr um fim às situações por que

> Deus sempre nos dá o que precisamos para cumprir plenamente o propósito que ele nos designou.

passamos não depende do amor que ele tem por nós, mas do que ele quer extrair das adversidades que enfrentamos.

Talvez aqui você pense: "Mas não é justo que Deus me use para realizar seus planos sem primeiro procurar o meu bem-estar". Pois é exatamente aqui que é necessário lembrar o que a Bíblia nos diz sobre isso:

> Sabei que o Senhor é Deus [...] (Salmos 100.3).

RECONSTRUA COM OS SEUS PEDAÇOS

> [...] a todos os que são chamados pelo meu nome, aos quais criei para a minha glória, aos quais formei e fiz (Isaías 43.7).

Pois bem, é possível que, ao ler isso, você pense: "Então por que o profeta Jeremias diz que os planos do Senhor são para o bem, não para o mal?" (cf. Jeremias 29.11). Quanto a isso, direi que às vezes esses planos para o bem tendem a ser totalmente diferentes do que geralmente consideramos "bem-estar". Em outras palavras, o bem de Deus pode se manifestar de maneira muito diferente do que a mente limitada do ser humano geralmente entende por "planos bons", e somente um coração entendido e disposto a se deixar usar para cumprir o objetivo absoluto do Senhor poderá entender isso. É a isso que o apóstolo Paulo se refere quando diz:

> Pois para mim o viver é Cristo, e o morrer é lucro. Se, contudo, o viver no corpo trouxer fruto para a minha obra, não sei então o que devo escolher. De ambos os lados, porém, estou em aperto, tendo desejo de partir e estar com Cristo, o que é muito melhor; mas julgo mais necessário, por amor de vós, permanecer no corpo (Filipenses 1.21-24).

Ao parafrasear o que foi dito pelo apóstolo Paulo, obtemos o seguinte resultado:

Para mim o viver é Cristo [...] O centro da minha vida é Cristo, e eu lhe dei a supremacia da minha existência.

E o morrer é lucro [...] A morte não representa nenhuma perda para mim. Porque partir e estar com Cristo parece algo muito melhor. Mas, se o viver na carne é para o benefício da obra do Senhor, não sei o que escolher [...]. Mas não quero que o que venha a acontecer comigo dependa dos meus desejos pessoais, mas que o Senhor faça comigo o que

O testemunho de alguns não é o testemunho de outros

esteja de acordo com sua vontade perfeita e com o que for melhor para o benefício de sua obra.

Portanto, o "bem-estar" de Deus se manifesta de maneira diferente em cada um de nós e de acordo com o propósito específico que ele estabeleceu para cada situação, e nem mesmo a morte pode ser uma ameaça para aqueles que assimilaram essa verdade, porque: "Se vivemos, para o Senhor vivemos; se morremos, morremos para o Senhor. De sorte que, quer vivamos, quer morramos, somos do Senhor" (Romanos 14.8).

O caso de Estêvão, um testemunho diferente

Depois de observar o poderoso testemunho de Daniel, vamos considerar outro testemunho igualmente glorioso, mas com um resultado diferente. Trata-se de uma personagem que a Bíblia descreve como um fiel homem de Deus, cheio de fé e do Espírito Santo. Seu nome era Estêvão, sobre quem nada nos é revelado quanto à sua vida pessoal; nada é dito sobre seus pais, seus irmãos ou se ele tinha esposa ou filhos. Mas o texto sagrado procura detalhar o que é realmente importante, para estabelecer que esse homem glorificou a Deus com sua vida, sendo fiel em tudo o que fazia, mesmo quando essa fidelidade representou o fato de ter de enfrentar a própria morte. Vamos dar uma olhada mais de perto nesse quadro, em seu contexto.

> O "bem-estar" de Deus se manifesta de maneira diferente em cada um de nós e de acordo com o propósito específico que ele estabeleceu para cada situação.

Depois de ter cumprido sua missão na terra, pouco antes de subir ao céu, Jesus disse a seus discípulos: "No entanto, recebereis poder, ao descer sobre vós o Espírito Santo, e sereis minhas testemunhas, tanto em Jerusalém, como em toda a Judeia e Samaria, e até os confins da terra" (Atos 1.8).

RECONSTRUA COM OS SEUS PEDAÇOS

> Aproximando-se o dia de Pentecoste, estavam todos reunidos no mesmo lugar. De repente veio do céu um som, como de um vento muito forte, e encheu toda a casa onde estavam assentados. E viram línguas repartidas, como que de fogo, as quais pousaram sobre cada um deles. Todos foram cheios do Espírito Santo, e começaram a falar em outras línguas, conforme o Espírito Santo lhes concedia que falassem. [...] E todos os dias acrescentava o Senhor à igreja aqueles que iam sendo salvos. (Atos 2.1-4,47b)

Após essa manifestação do mover de Deus por meio de seu Espírito Santo, a igreja primitiva cresceu vertiginosamente e sem parar, de tal modo que os discípulos tiveram de começar a tomar medidas enérgicas para atender às demandas desse crescimento; uma dessas medidas foi a escolha de sete homens piedosos, cheios do Espírito Santo e de sabedoria, para distribuir comida às viúvas. Entre esses escolhidos, estava Estêvão.

Por outro lado, a Bíblia também nos diz sobre Estêvão que ele estava cheio de graça e de poder e que fazia grandes maravilhas e sinais entre as pessoas (cf. Atos 6.8). Mas, como vimos no caso de Daniel, cada nível de glória se faz acompanhar por seus respectivos desafios.

> Levantaram-se alguns que eram da chamada sinagoga dos Libertos, dos cireneus e dos alexandrinos, dos que eram da Cilícia e da Ásia, e discutiam com Estêvão. Não podiam, porém, resistir à sabedoria e ao espírito com que ele falava. Então subornaram uns homens para que dissessem: Nós o ouvimos proferir blasfêmias contra Moisés e contra Deus. E agitaram o povo, os líderes religiosos e os mestres da lei e, investindo contra ele, o prenderam e o levaram ao Sinédrio. Apresentaram falsas testemunhas, que diziam: Este homem não para de dizer blasfêmias contra este santo lugar e a Lei. Pois o ouvimos dizer que esse Jesus de Nazaré há de destruir este lugar e mudar os costumes que Moisés nos deu. (Atos 6.9-14)

No entanto, apesar das falsas acusações feitas contra ele, Estêvão não se intimidou, mas aproveitou o momento para formular com graça, autoridade e ousadia o que talvez possa ser chamada de a história mais detalhada e concisa de Israel e seu relacionamento com Deus ao longo dos tempos; ele os lembrou do patriarca Abraão e de como Deus o havia chamado de uma terra pagã para a terra que lhe prometeu dar, na qual fez uma aliança com ele. Ele falou das jornadas do povo desde a chegada de José ao Egito até sua libertação por intermédio de Moisés, quatrocentos anos depois. Ele os fez lembrar repetidas vezes de sua contínua rebelião e idolatria, apesar de serem testemunhas oculares das poderosas obras que o Senhor fizera. Ele os acusou incisivamente de não reconhecer Jesus como seu Messias e de rejeitá-lo e matá-lo, como fizeram com Zacarias e outros profetas ao longo de suas gerações.

Naturalmente, embora fossem absolutamente verdadeiras, essas acusações não foram bem recebidas pelos judeus, que, ouvindo tudo o que Estêvão expôs, ficaram enfurecidos a ponto de seus dentes rangerem contra ele.

> Ele [Estêvão], porém, cheio do Espírito Santo, fixando os olhos no céu, viu a glória de Deus, e Jesus, que estava à direita de Deus, e disse: Olhai! Eu vejo os céus abertos, e o Filho do homem, que está em pé à direita de Deus. (Atos 7.55,56)

Ao ouvir tal declaração, eles o consideraram blasfemo e o sentenciaram à morte por apedrejamento, conforme estabelecia a Lei de Moisés.

> Eles, porém, gritaram com grande voz, taparam os ouvidos e se levantaram todos juntos contra ele. E, expulsando-o da cidade, o apedrejaram.

> As testemunhas depuseram as suas roupas aos pés de um jovem chamado Saulo. E apedrejaram Estêvão, que em oração dizia: Senhor Jesus, recebe o meu espírito. E, pondo-se de joelhos, clamou com grande voz: Senhor, não lhes culpe por este pecado. Tendo dito isso, adormeceu. (Atos 7.57-60)

Neste ponto, é importante enfatizar que tanto na história de Daniel como na de Estêvão podemos apreciar a manifestação do poder sobrenatural de Deus agindo por meio desses dois servos. De fato, ambas as histórias têm alguns elementos em comum, como:

1. O modo de cada um deles viver, trabalhar e dar testemunho sobre Deus.
2. A disposição de morrer por causa do Senhor.
3. A maneira pela qual o Senhor usou os dois acontecimentos para a expansão de seu Reino.

Estêvão foi o primeiro mártir da Igreja, o primeiro que esteve disposto a dar a própria vida por Cristo, e exemplificou admiravelmente o modo segundo o qual isso deve ser feito.

A morte de Estêvão resultou em grande perseguição para os primeiros cristãos. No entanto, sobre isso a Bíblia nos diz:

> Também Saulo consentia na morte dele. Desencadeou-se naquele dia uma grande perseguição contra a igreja que estava em Jerusalém, e todos foram espalhados pelas terras da Judeia e de Samaria, exceto os apóstolos. [...] Os que, porém, andavam espalhados iam por toda parte pregando a palavra (Atos 8.1,4).

Por outro lado, muitos comentaristas consideram que a maneira pela qual Estêvão glorificou a Deus e testemunhou sua fé teve certo efeito no coração de quem, naquela época,

O testemunho de alguns não é o testemunho de outros

estava entre os que contribuíram para sua morte e que mais tarde passou a ser o homem que Deus usou para escrever mais de 40% de todo o Novo Testamento: o apóstolo Paulo. No entanto, ao ler isso, você pode pensar: "Mas, se Deus amava os dois, por que ele livrou Daniel da morte e a Estêvão não?", A razão disso é que, às vezes, cumprir o propósito de Deus em nossa vida vai muito além de apenas ser libertos para nos manter vinculados ao que é temporário. Em outras palavras, às vezes Deus nos livra temporariamente (como no caso de Daniel, a quem ele decidiu prolongar seus dias na terra) e em outras ocasiões ele livra permanentemente (como fez com Estêvão, a quem Deus permitiu que fosse apedrejado, dando-lhe assim entrada na eternidade, onde se tornou inatingível por quaisquer pedras ou qualquer outro tipo de ataque).

Em suma, nem todos os testemunhos acabam da mesma maneira. Mas, quando reconhecemos que não vivemos para nós mesmos, mas para glorificar o Senhor com a nossa vida, não ficamos ansiosos sobre de que maneira os acontecimentos que temos de enfrentar terminam. Como o apóstolo Paulo expressa na seguinte passagem:

> Quem nos separará do amor de Cristo? A tribulação, ou a angústia, ou a perseguição, ou a fome, ou a nudez, ou o perigo, ou a espada? Como está escrito: Por amor de ti somos entregues à morte o dia todo; fomos considerados como ovelhas para o matadouro. Em todas essas coisas, porém, somos mais do que vencedores por aquele que nos amou. Pois estou certo de que, nem a morte, nem a vida, nem os anjos, nem os principados, nem as potestades, nem o presente, nem o porvir, nem a altura, nem a profundidade, nem alguma outra criatura nos poderá separar do amor de Deus, que está em Cristo Jesus, nosso Senhor (Romanos 8.35-39).

Princípios do capítulo

1. Enquanto o que nos acontece estiver dentro da vontade de Deus para nós, não devemos ter medo, mesmo que tenhamos de enfrentar a própria morte.

2. Os ataques que Deus decide não impedir que nos alcancem, é porque ele os usará para obter deles um testemunho glorioso.

3. Às vezes, cumprir o propósito de Deus na nossa vida vai muito além de apenas ser libertos para nos manter vinculados ao que é temporário.

4. Nem todos os testemunhos terminam dessa forma, e a maneira pela qual Deus decide pôr um fim às situações por que passamos não depende do amor que ele tem por nós, mas do que ele quer extrair das adversidades que enfrentamos.

5. O bem de Deus pode se manifestar de maneira muito diferente do que a mente limitada do ser humano geralmente entende por "planos bons".

A presença da tormenta não indica a ausência de Deus

Independentemente de quão estável pareça a nossa vida em áreas como saúde, casamento, filhos, emoções ou finanças, a adversidade pode bater inesperado à nossa porta e derrubar tudo o que pensávamos ter em segurança. Essas adversidades são semelhantes às tempestades que, ao nos alcançar, escurecem o céu, destroem o que temos e afetam a maneira de vermos as coisas, levando-nos às vezes a dizer: "Meu Deus, não sinto tua presença. Por favor, diga-me onde estás".

Isso se deve ao fato de que geralmente nossa tendência mental diante da adversidade nos leva a acreditar que, se Deus estiver conosco, não teremos reveses e que, se ele estiver do nosso lado, tudo ficará bem e estaremos livres de qualquer tipo de tormenta que queira nos atingir. Muitos acham difícil entender a bondade de Deus em meio às tempestades da vida e perguntam: "Como Deus está comigo se estou prestes a perder minha casa?"; "Se ele é compassivo, por que permitiu que morresse essa pessoa que eu tanto amava?"; ou, "Se ele realmente está do meu lado, por que não me livrou de contrair essa doença?".

Então, muitas vezes dizemos: "Senhor, por favor, diga-me onde estás, porque não te encontro".

Diante dessas questões, é importante lembrar que uma das coisas que toda tempestade faz é afetar nossa visibilidade, impedindo-nos de ver o que temos diante de nós. É por isso que a Palavra de Deus nos diz que devemos andar por fé, não por vista (cf. 2Coríntios 5.7).

> Uma das coisas que toda tempestade faz é afetar nossa visibilidade, impedindo-nos de ver o que temos diante de nós.

Da mesma forma, a ocorrência das tempestades que enfrentamos nunca será um indicador da ausência do Deus em quem confiamos. Com relação a isso, Jesus nos fez a seguinte promessa: "E certamente estou convosco todos os dias, até a consumação do século" (Mateus 28.20).

Essa é uma das promessas mais poderosas em todas as Escrituras Sagradas. Mas o que é uma promessa? Uma promessa é o que é dado antecipadamente e serve como garantia de cumprimento do que foi combinado. Então, ao parafrasear o que Jesus disse nesta passagem, observamos que:

"E certamente [...]". Embora a visibilidade de vocês seja afetada pelos acontecimentos dolorosos que às vezes terão de enfrentar, nunca duvidem disso...

"[...] estou convosco todos os dias [...]". Podem contar com a minha presença o tempo todo, tanto nos dias bons quanto nos dias maus. Porque, aconteça o que acontecer, e venha o que vier, mesmo que não sintam a minha presença, sempre estarei ao lado de vocês.

No entanto, o fato de Jesus estar sempre presente não significa que ele sempre se faz sentir, pois, antes de aplicar uma prova, os professores geralmente pedem silêncio.

Por outro lado, é importante identificar a causa pela qual surgem ou se manifestam os diferentes acontecimentos

A presença da tormenta não indica a ausência de Deus

que atormentam a nossa vida, uma vez que existe uma diferença marcante entre uma prova, um processo, um ataque e uma consequência. Essa diferença explicamos em detalhes neste livro mais adiante, e o fato de compreendê-la nos ajuda a reconhecer do que somos ou não responsáveis.

> Antes de aplicar uma prova, os professores geralmente pedem silêncio.

Esse reconhecimento nos leva a entender a nossa necessidade de depender apenas do Senhor, quando a situação não for por nossa causa; e nos dá a oportunidade de melhorar o que for necessário, quando o que temos de enfrentar tiver vindo por nossa causa.

Em outras palavras, devemos identificar as coisas pelas quais somos responsáveis, uma vez que não é aconselhável culpar outras pessoas ou atribuir as consequências das nossas más ações ao ambiente ou às circunstâncias adversas que podemos estar enfrentando. Porque, quando culpamos alguém ou algo pelo que acontece conosco, admitimos que estamos à mercê daquele sobre quem ou daquilo sobre o que descarregamos a culpa.

Essa maneira irresponsável de querer esconder os erros foi a mesma que Adão e Eva usaram depois de pecarem, culpando um ao outro para tentar aliviar suas consciências. E, na verdade, essa é a maneira mais inadequada de enfrentar o que, se tivéssemos procedido melhor, poderíamos ter evitado.

Por outro lado, também devemos reconhecer as coisas pelas quais não somos responsáveis, visto que tão importante quanto entender pelo que somos responsáveis, é compreender pelo que não somos. Porque, embora certamente sejamos responsáveis por nossas ações, não somos responsáveis pelas ações de outras pessoas.

Em outras palavras, nosso livre-arbítrio está sob nosso controle, mas não controlamos o livre-arbítrio que os outros têm. Tampouco Deus é responsável por nossa forma de agir; ele quer que procedamos bem, mas não nos forçará a tomar as boas decisões que cabem a nós.

> Tão importante quanto entender pelo que somos responsáveis é compreender pelo que não somos.

De fato, embora Jesus Cristo tenha derramado seu sangue pelo perdão dos pecados de todos nós, se o homem deseja receber esse perdão, deve reconhecer que precisa dele e também buscá-lo.

Se quiser saber quão segura é uma construção, observe as tempestades que ela conseguiu suportar sem desmoronar.

Não importa o que alguém pensa sobre quão firme é seu alicerce, o nosso alicerce é tão firme quanto as provações que suportamos sem desmoronar. Então... quão firme é o seu alicerce?

Se o nosso relacionamento com o Senhor está fundamentado apenas no que ele pode fazer por nós, o que acontecerá com o nosso alicerce quando as coisas não acontecerem da maneira que esperamos?

Em outras palavras, talvez você confie em Deus porque ele cura as pessoas. Mas você ainda confiaria nele se ele decidisse não curar e permitisse que essa pessoa doente morresse? Outros confiam em Deus porque ele é um provedor por excelência. Mas o que

> O nosso alicerce é tão firme quanto as provações que suportamos sem desmoronar.

aconteceria se o prazo para cumprir determinado compromisso expirasse e o dinheiro necessário não fosse provido? Alguns confiam firmemente no fato de que Deus cuida de nossos filhos e os protege. Mas o que seria da sua fé se algum deles começasse a se drogar, cometesse um crime ou manifestasse algum tipo de comportamento que você não esperava ver nele ou nela? O nosso relacionamento com Deus como Pai deve estar fundamentado no que ele é para nós, não no que ele pode fazer por nós. Caso contrário, quando as coisas não acontecerem da maneira que esperávamos, o nosso alicerce se enfraquecerá e, na pior das hipóteses, vai desmoronar. Por essa razão, o apóstolo Paulo nos esclarece: "Andamos por fé, e não por vista" (2Coríntios 5.7).

Ora, o que é fé?

Segundo o texto de Hebreus 11.1, fé é a certeza das coisas que esperamos e a prova das coisas que não vemos.

No grego (idioma em que o termo foi originariamente escrito), a palavra para fé é *pistis*, que pode ser também traduzida por: "persuasão, credibilidade, convicção, perseverança e fidelidade".

Dito isso, deve-se notar que, além do conceito descrito anteriormente, a Bíblia mostra implicitamente outros tipos de fé, como os seguintes:

A fé carnal ou material: Baseia-se na confiança em coisas visíveis, palpáveis e materiais, tais como: dinheiro, negócios, investimentos ou algum sistema de governo. Podemos ver isso no exemplo a seguir:

> E propôs-lhes esta parábola: O campo de um homem rico produziu com abundância. Então ele pensava consigo mesmo, dizendo: Que farei? Não tenho onde guardar os meus frutos. E disse: Farei isto: Derrubarei os meus celeiros, construirei outros maiores e aí guardarei todo o meu produto e todos os meus bens. Então direi à minha alma: Alma, tens guardados muitos bens para muitos anos. Descansa, come, bebe e alegre-se. Deus, porém, lhe disse: Louco, esta noite te pedirão a tua alma. Então o que tens preparado para quem ficará? Assim é aquele que para si ajunta tesouros e não é rico para com Deus (Lucas 12.16-21).

Fé natural ou humana: É produto do conhecimento humano; baseia-se na intelectualidade, surge do raciocínio lógico e não reconhece o valor da fé em termos espirituais. Como exemplo disso, temos a seguinte passagem:

> Os reis da terra se levantam, e os governantes se reúnem contra o Senhor e contra o seu Ungido, dizendo: Rompamos as suas cadeias, e sacudamos de nós as suas algemas (Salmos 2.2,3).

Fé cega: Baseia-se em superstição, mentiras e falsas crenças. Como vemos na seguinte passagem:

> Estava ali certo homem chamado Simão, que anteriormente praticara naquela cidade a feitiçaria, iludindo o povo de Samaria. Dizia ser um homem importante, e todos o atendiam, desde o menor até o maior, dizendo: Este é o grande poder de Deus (Atos 8.9,10).

Fé emocional: Baseia-se na palavra que você recebe em determinado momento; é efusiva, e não durável, pois não possui as raízes necessárias para resistir às adversidades. Sobre esse tipo de fé, temos o seguinte exemplo:

> Respondeu-lhe Pedro: Senhor, se és tu, manda-me ir ter contigo sobre as águas. E ele disse: Vem! E Pedro, descendo do barco, andou sobre as águas para ir ter com Jesus. Mas, observando o vento forte, teve medo e, começando a afundar, clamou: Senhor, salva-me! Imediatamente, Jesus estendeu a mão, tomou-o e lhe disse: Homem de pequena fé, por que duvidaste? (Mateus 14.28-31).

Fé morta: Baseia-se na teoria; presume conhecer a Deus, mas com suas ações o nega e não mostra nenhum

A presença da tormenta não indica a ausência de Deus

tipo de fruto. Sobre esse tipo de fé, o apóstolo Tiago nos diz o seguinte:

> Meus irmãos, que proveito há se alguém disser que tem fé, mas não tiver obras? Pode essa fé salvá-lo? Se o irmão ou a irmã estiverem nus e tiverem falta de mantimento cotidiano, e algum de vós lhes disser: Ide em paz, aquentai-vos e fartai-vos, mas não lhes derdes as coisas necessárias para o corpo, que proveito há nisso? Assim também a fé, se não tiver obras, é morta em si mesma (Tiago 2.14-17).

Além do exposto anteriormente, existe outra classificação bíblica em relação à fé, que é a seguinte: fé salvadora, o dom da fé e a fé como fruto.

Fé salvadora: É a fé que todo homem deve depositar em Jesus Cristo, porque é o canal pelo qual recebemos sua graça e seu favor.

> Responderam eles: Crê no Senhor Jesus Cristo, e serás salvo, tu e a tua casa. (Atos 16.31)

O dom da fé: Esse nível de fé corresponde a um dos nove dons que o Espírito Santo dá aos crentes para a edificação do corpo de Cristo, e somente aqueles a quem o Espírito Santo decidiu concedê-lo é que o possuem.

> Há diversidade de *dons*, mas o Espírito é o mesmo. [...] A manifestação do Espírito é dada a cada um para o que for útil. A um pelo Espírito é dada a palavra da sabedoria; a outro, pelo mesmo Espírito, a palavra da ciência; a outro, *pelo mesmo Espírito, fé*; a outro, pelo mesmo Espírito, dons de curar. (1Coríntios 12.4,7-9)

O fruto da fé: Esse tipo de fé diz respeito ao que uma pessoa que nasceu de novo possui. Essa fé cresce, se fortalece, e é testada.

> Essas provações são para que a prova da vossa fé, muito mais preciosa do que o ouro que perece, embora provado pelo fogo, redunde para louvor, glória e honra na revelação de Jesus Cristo. (1Pedro 1.7)

O nosso caráter é moldado quando aprendemos a perseverar em meio às dificuldades.

É muito preocupante ver como a maioria das mensagens e dos ensinamentos nas igrejas hoje se baseia na exposição de uma "fé" voltada para evitar problemas e provações, em vez de se ensinar os crentes a suportar e enfrentar os cenários temporais no intuito de provar que a nossa confiança está depositada naquele que é a nossa Rocha Eterna. Em relação a isso, voltemos a considerar o que foi dito pelo apóstolo Pedro:

> Nisso vos exultais, ainda que no presente, por breve tempo, se necessário, sejais entristecidos por várias provações. *Essas provações são para que a prova da vossa fé, muito mais preciosa do que o ouro que perece, embora provado pelo fogo, redunde para louvor, glória e honra na revelação de Jesus Cristo.* Embora não o tendes visto, o amais; e embora não o vedes agora, credes nele e exultais com alegria inefável e cheios de glória, recebendo o objetivo final da vossa fé: a salvação da vossa alma (1Pedro 1.6-9).

Nessa passagem, mais uma vez podemos compreender que o fato de amar a Deus e servi-lo com fervor não nos livra de dificuldades, mas nos garante que toda provação que enfrentamos contribuirá para o fortalecimento da nossa fé. Em outras palavras, a fé não é positivismo, porque o positivismo nos leva a acreditar que tudo ficará bem, ao passo que a fé nos dá a certeza de que, não importa o que aconteça, Deus o usará para o nosso bem.

> O positivismo nos leva a acreditar que tudo ficará bem, ao passo que a fé nos dá a certeza de que, não importa o que aconteça, Deus o usará para o nosso bem.

A presença da tormenta não indica a ausência de Deus

Então, mais uma vez, convido você a responder à seguinte pergunta: Em que você baseia a sua fé? A resposta que der a essa pergunta determinará se a sua fé será resistente a qualquer provação ou se irá deteriorar-se diante das tempestades que inevitavelmente todos teremos de enfrentar em algum momento da vida.

Em algumas ocasiões, Deus permitirá que tudo no seu mundo desmorone, para em seguida voltar à normalidade; então, como um pai orgulhoso de seu filho, ele dirá: "Você agiu bem! Eu sabia que você podia fazer isso, e, por causa do que você passou sem se afastar de mim, prova que é um filho de verdade".

O seu nível de maturidade é medido pela maneira de você responder à tragédia e ao caos.
A maneira de lidar consigo mesmo quando tudo parece desmoronar revela quanto você é maduro, uma vez que o verdadeiro nível de maturidade de alguém sempre se distingue pela maneira de essa pessoa lidar com a pressão. Portanto, não conhecemos verdadeiramente alguém até vermos sua reação ao caos, porque é no caos e na pressão que seu verdadeiro caráter é exposto e onde a capacidade que ele tem de permanecer firme diante do inesperado se torna evidente.

> Não conhecemos verdadeiramente alguém até vermos sua reação ao caos.

Portanto, é importante que você considere o seguinte: Você tem o tipo de fé que permanece firme e cresce diante dos açoites da vida? Ou: O seu mundo tem de permanecer impecavelmente ordenado e imperturbável, para que você possa permanecer firme na fé?

Para não desmoronarmos em um mundo cheio de desafios contínuos, precisamos renunciar à ambiguidade

RECONSTRUA COM OS SEUS PEDAÇOS

e desenvolver o tipo de caráter que seja capaz de resistir a qualquer açoite que possa nos alcançar.

A esse respeito, a Palavra de Deus faz uma conexão clara entre a fé e a resistência diante das provações, o que é claramente revelado na seguinte passagem:

> Sempre devemos, irmãos, dar graças a Deus por vós, como é justo, porque a vossa fé cresce muitíssimo, e o amor de cada um de vós aumenta de uns para com os outros. De maneira que nós mesmos nos gloriamos de vós nas igrejas de Deus *por causa da vossa paciência e fé, e em todas as perseguições e aflições que suportais*. Tudo isso é prova clara do justo juízo de Deus, e como resultado sereis tidos por dignos do Reino de Deus, pelo qual também padeceis (2Tessalonicenses 1.3-5).

Como podemos observar aqui, os cristãos na cidade de Tessalônica passaram por perseguições e sofrimentos, sobre os quais Paulo lhes declarou que eram por causa do Reino de Deus.

Mas qual foi o resultado dessas perseguições na vida dos irmãos? Eles se renderam, sucumbiram ou abandonaram a fé? Absolutamente não! Pelo contrário, suportaram, resistiram e permaneceram firmes, de tal maneira que a fé deles aumentava cada vez mais, além de aumentar o amor que sentiam uns pelos outros.

Por esse motivo, desenvolveram uma reputação de apoio e perseverança que era digna de ser mencionada nas outras igrejas de Deus. E o fato de permanecermos firmes diante das provações nos faz dar um testemunho vivo de que Jesus é a fortaleza que nos sustenta.

> O fato de permanecermos firmes diante das provações nos faz dar um testemunho vivo de que Jesus é a fortaleza que nos sustenta.

Não podemos escapar das dificuldades da vida, mas podemos

A presença da tormenta não indica a ausência de Deus

permanecer firmes diante delas por meio da paz que recebemos quando nos apegamos ao Senhor.

> Disse-vos essas coisas para que em mim tenhais paz. No mundo tereis aflições. Mas tende bom ânimo! Eu venci o mundo (João 16.33).

As pessoas geralmente não se impressionam com a nossa fé durante o tempo de prosperidade, porque qualquer um pode crer em Deus quando tudo vai bem; todos, no entanto, estão interessados em saber o que as pessoas que creem em Deus fazem quando as coisas se tornam difíceis.

Se tudo o que temos são boas histórias para contar, então as pessoas que nos ouvem concluirão que servir a Deus funciona como uma "troca", em que nos encarregamos de servi-lo, enquanto ele se encarrega de satisfazer todos os nossos desejos, e essa será a causa de elas também desejarem ter o Senhor em sua vida. Mas, quando nos virem passar pelo fogo da provação sem ter medo de nos queimar, então nos tornaremos uma boa referência para elas sobre de que forma realmente devemos servir a Deus. Porque não conquistamos o respeito do mundo que nos observa apenas pelas coisas das quais somos libertos, mas também pelas provações das quais saímos aprovados.

> Qualquer um pode crer em Deus quando tudo vai bem; todos, no entanto, estão interessados em saber o que as pessoas que creem em Deus fazem quando as coisas se tornam difíceis.

Portanto, peço a Deus que a partir de hoje (a respeito dos sofrimentos e das dificuldades que você esteja enfrentando) seja dito sobre você o que o apóstolo Paulo pôde dizer da igreja de Tessalônica: "De maneira que nós mesmos nos gloriamos de vós nas igrejas de Deus por causa da vossa paciência e fé, e em todas as perseguições e aflições que suportais" (2Tessalonicenses 1.4).

Princípios do capítulo

1. A ocorrência das tempestades que enfrentamos nunca será um indicador da ausência do Deus em quem confiamos.

2. Quando culpamos alguém ou algo pelo que acontece conosco, admitimos que estamos à mercê daquele sobre quem ou daquilo sobre o que descarregamos a culpa.

3. O nosso relacionamento com Deus como Pai deve estar fundamentado no que ele é para nós, não no que ele pode fazer por nós.

4. O fato de amar a Deus e servi-lo com fervor não nos livra de dificuldades, mas nos garante que toda provação que enfrentamos contribuirá para o fortalecimento da nossa fé.

5. Não conquistamos o respeito do mundo que nos observa apenas pelas coisas das quais somos libertos, mas também pelas provações das quais saímos aprovados.

Quebras inesperadas?

Trata-se de um dos lugares turísticos mais visitados do mundo, com uma média de 3,5 milhões de visitantes por ano e uma beleza tão deslumbrante que fascina todos os que têm a oportunidade de visitá-lo. Encontra-se localizado na antiga cidade de Teerã, capital do Irã, e seu nome é Palácio do Golestão. Esse edifício impressionante é considerado uma das obras em mosaico mais bonitas do mundo, cujos tetos e paredes brilham como diamantes em reflexos multifacetados.

No entanto, além de toda a sua beleza, há um elemento que se torna ainda mais fascinante sobre esse grande palácio, e é por isso que recebeu a aparência maravilhosa que possui, uma vez que no plano original do edifício se projetou colocar grandes painéis de espelhos nas paredes, a fim de embelezar o espaço.

No entanto, quando o primeiro carregamento de espelhos importados de Paris chegou, descobriram que esses haviam quebrado durante a viagem. Tal descoberta deixou a equipe responsável por descarregar o material apavorada de tal modo que, liderada pelo empreiteiro, jogou os espelhos no lixo e em seguida levou a triste notícia do que acontecera ao arquiteto do projeto. Mas, em vez de se lamentar, o arquiteto surpreendentemente ordenou que os espelhos quebrados fossem retirados do lixo, para concluir a quebra deles em pedaços menores que, ao serem colocados nas paredes do palácio, deram ao prédio a aparência majestosa de mosaicos prateados incrustados de brilhantes.

> Onde o empreiteiro viu ruínas, o arquiteto viu uma grande obra de arte.

Da mesma forma, ainda que Deus não tenha sido a causa do que às vezes se quebra na nossa vida, ele deseja que nos armemos de coragem, bravura e ousadia para recolher o que inesperadamente se rompeu e extrair disso projetos que inspirem a vida de outros. No entanto, ao ler isso, você pode pensar: "É fácil dizer isso, mas como alguém que foi diagnosticado com uma doença que não tem cura consegue reagir assim? Como isso se aplica a alguém que perdeu um filho? Como se põe em prática essa sugestão quando um casamento de longo prazo desmorona e se desfaz?".

Para responder a essas perguntas valiosas, quero lembrar você de duas coisas:

1. APESAR DE TUDO, VOCÊ CONTINUA VIVO: É muito importante que você entenda que, de acordo com os planos de Deus, independentemente de as suas circunstâncias serem terríveis, a sua história na terra ainda não chegou ao fim.

2. SE OUTROS RECONSTRUÍRAM COM OS PEDAÇOS, VOCÊ TAMBÉM PODE FAZÊ-LO: Quanto a isso, quero lembrar você de que, embora às vezes você não possa controlar o que acontece em sua vida, será sempre sua a decisão de como responder a isso. Voltando ao exemplo do Palácio do Golestão, é

Quebras inesperadas?

interessante observar como, diante do mesmo fato, a decisão do empreiteiro foi jogar o que estava quebrado no lixo, ao passo que a decisão do arquiteto foi retirar os pedaços de espelho do lixo para fazer com eles um projeto melhor do que foi planejado no início.

Usando a tragédia para dar uma resposta

Um dos golpes mais terríveis que podem ser experimentados pelo coração de uma mãe ou de um pai que realmente ama seu filho é o de vê-lo morrer. Esse fato acaba sendo muito mais doloroso quando a causa da morte se deve à irresponsabilidade e à desorientação de alguém.

Diante dessa realidade, muitos pais se deixaram abater pela depressão, ficaram incomodados pelo transtorno e perderam o desejo de seguir em frente. No entanto, não foi assim que Candy Lightner enfrentou a morte de sua amada filha Cari que, em 3 de maio de 1980, enquanto passeava por uma das ruas dos subúrbios da Califórnia, foi morta, com apenas 13 anos de idade, por um motorista bêbado. Ao ser informada, Candy ficou despedaçada. Mas usou sua terrível dor como impulso para contra-atacar proativamente o que fora a causa desse mal. Pouco tempo depois do funeral da filha, Candy revelou o seguinte: "No dia da morte de Cari, prometi que lutaria incansavelmente para fazer que esse homicídio desnecessário valesse algo positivo nos anos seguintes".

Foi então que começou a trabalhar arduamente para iniciar uma organização que alcançou um grau alarmante de popularidade e apoio nos Estados Unidos e em outras nações para as quais se espalhou. Essa organização é chamada Mothers Against Drunk Driving (MADD), que se traduz por: Mães contra motoristas bêbados. Tal organização se orienta por três áreas principais de atuação, que são:

1. Oferecer apoio por meio de um programa abrangente de apoio e provisão de recursos para pessoas que perderam um ente querido ou que tenham sofrido ferimentos graves como resultado de um acidente causado por dirigir sob a influência do álcool.
2. Educar a população por meio de campanhas de conscientização sobre os perigos de dirigir sob a influência do álcool.
3. Exigir e promover uma legislação com julgamento justo para a penalidade devida a esse tipo de crime.

Diante da morte trágica de sua amada filha, Candy tinha apenas duas opções: sentir-se vitimada e deixar-se dominar pela dor causada pela referida perda ou usar essa dor como catalisadora para produzir uma resposta à necessidade de reduzir a ocorrência de tragédias semelhantes à que ela viveu; como já percebemos, ela tomou a melhor decisão. E você, o que vai decidir fazer com o que enfrenta?

O que não funciona não deve tornar disfuncional o que pode funcionar

Com apenas 21 anos de idade e prestes a se casar com sua primeira esposa, os sintomas de um tipo de doença neuromotora chamada esclerose lateral amiotrófica (ELA) começaram a se manifestar. O nome do jovem era Stephen Hawking, que ficou em estado de incapacidade motora por causa dessa doença, que foi agravando sua condição ao longo dos anos até que ele ficou quase completamente paralisado.

Mas isso não o impediu de manter a contínua atividade científica e pública que o caracterizava. E, apesar do fato de os médicos lhe prognosticarem apenas dois anos de vida, Hawking sobreviveu cinquenta e cinco anos padecendo da

Quebras inesperadas?

doença, que, embora certamente estivesse progredindo, com ela também progredia a manifestação dos talentos e habilidades que Stephen possuía, a fim de deixar marcas indeléveis em sua vida.

Sua condição não melhorou e, em 1985, ele sofreu uma traqueotomia que o levou a perder a voz, motivo pelo qual, mais tarde, para se comunicar, ele precisou fazer isso por meio de um sintetizador de voz. Além disso, perdeu gradualmente o uso de seus membros, assim como o restante da musculatura voluntária, incluindo a força do pescoço para manter a cabeça ereta; com isso, sua mobilidade se tornou praticamente nula.

Sua condição de paralisia se tornou tão extrema que a cadeira de rodas que ele usava para locomover-se era controlada por um computador acionado por leves movimentos da cabeça e dos olhos. Mesmo assim, com a contração voluntária de uma das bochechas, compunha palavras e frases usando o sintetizador de voz.

Stephen Hawking foi considerado por muitos o homem mais inteligente de sua geração. Apesar de ter passado a maior parte de sua vida em uma cadeira de rodas, sem poder fazer muito mais do que apenas sentar e pensar, a revista *Omni* disse a seu respeito:

> Sua mente é um quadro-negro. Ele memoriza a longa cadeia de equações que dão vida a suas ideias e depois dita os resultados a seus colegas ou à sua secretária. Um feito que foi comparado com o de Beethoven escrevendo toda a sua sinfonia em sua mente, ou com o de John Milton, ao ditar *O paraíso perdido* à sua filha pequena.

Também sobre ele a mesma revista disse em outra ocasião:

> Alguém deve ajudá-lo a escrever, a alimentar-se, a pentear-se e a colocar os óculos. No entanto, as áreas não funcionais desse homem se

> perdem no brilho de sua produtividade contínua, mesmo na condição em que ele se encontra.

Stephen Hawking não teve uma aproximação correta do Criador nem o reconheceu como deveria, e é por isso que seu caso se mostra altamente instrutivo para aqueles que conhecem o Senhor e vivem pela fé. Porque se ele, ignorando aquele que é a fonte da força humana, agiu de maneira tão proativa diante da tragédia que teve de enfrentar em sua vida, com muito mais ousadia, coragem e força devemos agir assim.

Antes de ficar doente, Hawking confessou em uma ocasião que tinha muito pouco interesse pela vida. "Sempre me senti entediado e pensava que a minha existência não tinha sentido", disse ele. Mas, quando soube que sofria de esclerose lateral amiotrófica e que não deveria esperar viver mais de dois anos, o resultado final desse diagnóstico (após o choque emocional que lhe causou no início) foi extremamente positivo. De fato, Hawking chegou a fazer a surpreendente declaração de que ele foi mais feliz depois de ficar doente do que fora antes de ser diagnosticado.

Mas como isso pode ser verdade, alguém lhe perguntou, e Hawking respondeu:

> "Quando as nossas expectativas são reduzidas a zero, nós realmente apreciamos tudo o que temos, uma vez que grande parte da nossa satisfação na vida depende do que a pessoa espera receber dela".

Assim, para um homem como Hawking, que pensava que morreria depois de alguns meses, tudo adquiriu um novo significado: o nascer do sol, um passeio no parque ou o riso das crianças. De repente, cada detalhe se torna algo muito valioso.

"Quando as nossas expectativas são reduzidas a zero, nós realmente apreciamos tudo o que temos."

Quebras inesperadas?

Em contraste com isso, as pessoas que acreditam que a vida lhes deve algo às vezes se sentem insatisfeitas com o melhor que recebem dela.

Por fim, nos últimos anos de vida (sobre suas limitações físicas), Hawking disse:

> "Se você tiver algum impedimento, deve usar as suas energias nas áreas em que não tem problemas. Você deve se concentrar no que pode fazer bem, não se lamentar pelo que não está ao seu alcance. Uma pessoa com alguma deficiência física não pode se dar ao luxo de também estar incapacitada nas áreas que ainda podem ser funcionais. Em outras palavras, embora certamente as adversidades da vida possam trazer certos limites, reclamar e sentir pena de si mesmo são reações mortais, mesmo que pareçam lógicas e nos façam sentir melhor. Assim, uma pessoa que enfrenta qualquer tipo de crise será fortalecida ou será desencorajada, dependendo da atitude que decidir adotar diante dessa crise".

Algo semelhante a isso é o que os biólogos também estabelecem no que chamam de "lei da adversidade" aplicada ao mundo das plantas e dos animais, segundo a qual se considera que o bem-estar contínuo e habitual não é benéfico para nenhuma espécie. Porque uma existência sem desafios produz vítimas entre quase todos os seres vivos.

> "[...] uma pessoa que tenha de enfrentar qualquer tipo de crise será fortalecida ou desencorajada, dependendo da atitude que decidir adotar diante dessa crise."

Em relação aos cristãos, a Bíblia diz que as provações que passamos desenvolvem a nossa fé (cf. Tiago 1.2-4) e, sobre isso, observemos o que o salmista também disse: "Foi-me bom ter sido afligido, para que aprendesse os teus decretos" (Salmos 119.71).

Princípios do capítulo

1. Ainda que Deus não tenha sido a causa do que às vezes se quebra na nossa vida, ele deseja que nos armemos de coragem, bravura e ousadia para recolher o que inesperadamente se rompeu e extrair disso projetos que inspirem a vida de outros.

2. Embora às vezes não possa controlar o que acontece em sua vida, será sempre sua a decisão de como responder a isso.

3. As adversidades da vida podem trazer certos limites, mas reclamar e sentir pena de si mesmo são reações mortais, mesmo que pareçam lógicas e nos façam sentir melhor.

4. Se você tiver algum impedimento, deve usar as suas energias nas áreas em que não tem problemas. Você deve se concentrar no que pode fazer bem, não se lamentar pelo que não está ao seu alcance.

5. Uma existência sem desafios produz vítimas entre quase todos os seres vivos.

Eu sei que você está arrasada

*A*rrasada, angustiada e sentindo-se incapaz de resistir a tanta dor; era assim que eu me sentia naquela tarde, em que estava jogada no chão do banheiro de um dos centros comerciais de Nova Jersey. Paramos ali enquanto viajávamos de Atlantic City, onde cumprimos um compromisso ministerial, e nos dirigíamos a Nova York, para visitar parte da minha família que mora lá.

As luzes daquele lugar eram fortes, mas para mim era um dos lugares mais sombrios em que já estivera em toda a minha vida; e não me importava absolutamente quem entrava ou quem saía, quem me apontava ou quem me reconhecia, quem me sussurrava ou quem se distraía ao olhar para mim. Cabeça baixa e apertando minhas pernas, apenas dizia: "Senhor, por favor, dá-me forças para resistir a isso".

Uma jovem se aproximou de mim e perguntou: "Você é Yesenia?". Então, enquanto secava minhas lágrimas e tentava recuperar meu tom normal de voz, respondi-lhe: "Sim, fale". Ela me disse: "Há um homem lá fora que me disse para chamá-la". "Ok, obrigada", eu respondi, com um gesto que procurava me aproximar o máximo que podia de uma expressão facial agradável. Em seguida, levantei-me e saí como aquele homem me pediu, diante de quem, com lágrimas nos olhos, perguntei: "Você tem ideia de como me sinto?". E, enquanto ele secava meu rosto, respondeu: "Eu sei que você está arrasada".

Mas qual era o motivo? Antes de desenvolver o conteúdo que você vai ler a seguir, esclareço que não quero de modo algum prejudicar ou afetar a imagem do homem que amei de todo o meu coração, o pai dos meus dois filhos, com quem estive casada por mais de dezenove anos. Tampouco procuro com isso assumir uma posição de vítima ou querer ganhar a compaixão dos leitores. Mas, como pedimos em oração ao Senhor, nosso único objetivo ao compartilhar este conteúdo é inspirar milhares de pessoas que passaram ou estão passando por algo semelhante a isso, para não confundirem um capítulo ruim com o fim de sua história.

Adeus, Nova York

Totalmente apaixonada e convencida de que me casaria com o homem que Deus havia preparado para mim, decidi partir de Long Island, Nova York (onde vivi por vários anos), para retornar a San Francisco de Macorís, República Dominicana, lugar onde nasci e também conheci aquele pastor que, desde o início do nosso relacionamento, considerei o homem ideal para mim, além de guia, líder e mestre. Sempre serei grata a esse homem pelo muito que me ensinou e por tudo o que me estimulou nos primeiros anos da minha formação cristã, uma vez que, quando nos casamos, eu tinha pouco mais de um ano de conversão ao Senhor e ele, por outro lado, já era pastor havia cerca de dez anos.

Eu sei que você está arrasada

Em nossos primeiros anos de casamento, tivemos de enfrentar grandes desafios, entre eles a não aceitação da nossa união por parte importante da minha família e de vários membros da congregação que ele pastoreava. No caso da congregação, a principal causa da rejeição foi a ausência de qualidades que naquele momento eu apresentava, o que me tornava inapta para atender às expectativas que tinham sobre quem (na opinião deles) devia ser a esposa de seu pastor. Nessa época, ele tinha 28 anos, enquanto eu acabara de completar 18.

Por outro lado, havia o descontentamento de grande parte da minha família, que não entendia como, residindo nos Estados Unidos, prestes a entrar na universidade e sem me faltar nada (materialmente falando), eu havia tomado a estranha decisão de retornar à minha cidade natal para casar com um homem que (segundo a opinião deles) era alguém sem recursos materiais, dez anos mais velho que eu e sem visto ou residência para viajar comigo para o lugar de onde, na opinião deles, eu nunca deveria ter saído.

Além do mencionado, houve também uma escassez financeira terrível que, nos primeiros anos de casamento, nos levou a passar muitos momentos extremamente difíceis e até vergonhosos, algo que por si só foi uma grande provação para o nosso amor, porque esse cenário de vida era totalmente contrário a tudo o que eu vivera antes.

Mesmo assim, Deus permitiu esse tempo precisamente para me treinar em áreas da vida que até aquele momento me eram desconhecidas e pelas quais eu necessariamente precisava passar, a fim de poder dizer algum dia o que o apóstolo Paulo também disse em certa ocasião: "Sei passar necessidade e também ter abundância. Em toda maneira, e em todas as coisas, aprendi tanto a ter fartura como a ter fome, tanto a ter abundância como a padecer necessidade" (Filipenses 4.12).

Mas, enquanto a rejeição, a falta de aceitação e a escassez eram o meu "deserto", saber que tudo o que estava acontecendo foi preparado pelo Senhor era o meu "oásis". Antes mesmo de nos conhecermos, Deus nos falou de maneira tão clara e precisa sobre nossa união que, ao se realizar (no que diz respeito a nós), não havia dúvida de que estávamos dentro do plano perfeito do Senhor.

No meu caso, aceitei Jesus como meu Salvador no inverno, e, no verão daquele mesmo ano, uma profetisa que estava ministrando em uma das reuniões realizadas na igreja onde eu congregava me disse: "Assim diz o Senhor: 'Você irá a seu país natal no final deste ano e lá conhecerá um pastor, que será seu marido' ".

> Enquanto a rejeição, a falta de aceitação e a escassez eram o meu "deserto", saber que tudo o que estava acontecendo foi preparado pelo Senhor era o meu "oásis".

Essa foi apenas uma das muitas vezes que, de maneiras diferentes, serviu de confirmação desse assunto para mim. Com aquele que viria a ser meu marido, aconteceu a mesma coisa. Em uma das vezes em que o Senhor falou ao seu coração, ele o fez por meio de um grande profeta que havia na cidade dele, chamado Moisés Mena, o qual, antes de me conhecer, lhe disse: "No mês de dezembro, chegará à igreja que você pastoreia uma jovem alta, branca e magra, vinda dos Estados Unidos, e assim diz o Senhor: 'Ela será a sua esposa' ".

Depois que nos casamos, tivemos dois filhos aos quais, para dar à luz, tive de viajar sozinha para aos Estados Unidos

Eu sei que você está arrasada

desde o início de ambas as gestações até o final delas, para que as crianças pudessem nascer com os direitos de cidadãos americanos. Isso fez que, apesar da felicidade que cada uma dessas gestações significou para nós, também fosse um tempo de muita solidão e tristeza para ambos. Mas concordamos que, para ter uma recompensa permanente, deveríamos fazer um sacrifício temporário, e assim fizemos. Naquela época, não havia nada que eu quisesse mais do que ter o meu marido por perto, mas entendia que ele não podia viajar comigo por não ter os documentos necessários para entrar nos Estados Unidos.

Logo depois de nascidos os nossos filhos, eu voltava quase imediatamente para o lugar que, embora houvesse muita carência e escassez, chamávamos de "lar... doce lar" e dali só me ausentava quando, dadas as muitas necessidades que tínhamos, tinha de voltar a trabalhar nos Estados Unidos, mas apenas por breves períodos de tempo.

Por outro lado, apoiando-nos mutuamente, conseguimos cumprir muitos objetivos que tínhamos em comum, por exemplo, a conclusão de seu curso universitário e o início e a conclusão do primeiro curso em que me formei, junto com outros programas de formação que naquele tempo Deus me ajudou a concluir.

No entanto (como em todos os relacionamentos conjugais), ao mesmo tempo fomos atacados com fortes dardos do Inimigo que, embora nos abalassem e afetassem o nosso relacionamento, fomos capazes de superar com a graça de Deus e a vontade que ambos tivemos de perdoar e lutar por nosso casamento. Porque uma das coisas em que acredito e que nunca vou parar de pregar é que, enquanto existir o

RECONSTRUA COM OS SEUS PEDAÇOS

desejo de mudar em qualquer das partes que falha em um relacionamento, também haverá a possibilidade de mantê-lo vivo e valerá a pena dar-lhe outras oportunidades.

Enfrentando os desafios da nova cidade

Quando estávamos casados havia aproximadamente dez anos, a convenção responsável pela congregação em que trabalhávamos nos transferiu para uma igreja localizada na capital do país, uma mudança que, embora para muitos fosse considerada uma "promoção", para nós foi uma decisão com sabor "agridoce" em razão do apego que tínhamos à congregação em que estávamos, algo que não melhorou muito quando soubemos que a igreja para a qual fomos transferidos teve seus dois pastores anteriores destituídos por adultério. Mas isso não era algo que não estávamos dispostos a enfrentar, e, como foi o desafio, assim foi também o ânimo com que entramos naquele lugar, em que mais do que nunca me concentrei em ser a ajudadora idônea que deveria ser, servindo de apoio nas tarefas e nos compromissos ministeriais que meu então marido assumira ali.

Então, como sua colaboradora ministerial, comecei a realizar diferentes projetos de desenvolvimento e crescimento, não apenas para os membros da igreja, mas também visando alcançar a comunidade para a qual fomos transferidos, algo que inicialmente o meu pastor e marido estava mais do que feliz não apenas em aprovar, como também em apoiar. Isso serviu de inspiração e deu confiança aos membros daquela congregação, que diziam com admiração: "Como são lindos e como trabalha unido esse casal de pastores!".

> Quando progredir na vida material, você também deverá fortalecer a sua vida espiritual.

Eu sei que você está arrasada

No entanto, o Inimigo que nunca dorme também não estava disposto a consentir com isso. Como não ignoramos suas artimanhas, ficou claro para nós que, assim como ele atacou os pastores anteriores, também iria nos atacar. Portanto, embora fosse verdade que alcançar um lugar assim representasse uma ascensão, não era menos verdade que, dada a batalha que teríamos de travar ali, a nossa proximidade de Deus deveria também inevitavelmente crescer.

Então, decidi fortalecer drasticamente os três pilares que considero ser três armas poderosas diante de qualquer tipo de guerra que devemos travar: a oração, o jejum e a leitura orientada a fortalecer o nosso conhecimento sobre Deus. Mais do que nunca, eu me dispus a buscar o Senhor de todo o coração. Jejuava duas vezes por semana, orava três horas por dia, lia um livro por mês e memorizava um versículo da Bíblia todo dia. Ao fazer isso, sentia-me tão fortalecida que absolutamente nada do que pudesse vir me assustava.

No entanto, dentro do casamento é importante que se fortaleça uma das partes, mas sempre haverá uma brecha até que as duas partes estejam dispostas a fazer a mesma coisa. Por isso sempre pedi ao meu então marido que se dispusesse a buscar Deus comigo. Mas, ao contrário disso, ele decidiu se envolver em outras coisas, como passar uma grande parte do dia visitando as casas dos membros da congregação e começou a reclamar comigo pelo tempo que eu passava na presença do Senhor; quando eu tentava diminuir esse tempo na presença do Senhor para agradá-lo, sentia um forte apelo do Espírito Santo, que em meio a tudo isso estava apenas me preparando para o terrível abalo que viria sobre nós.

73

Quero salientar aqui que o fato de nos fortalecermos no Senhor nem sempre é garantia de que seremos poupados de certas coisas, mas que, como o Espírito Santo esquadrinha todas as coisas, até o mais profundo de Deus (cf. 1Coríntios 2.10), ele nos induz a nos prepararmos para o que já sabe que nos sobrevirá.

Para realizar seus planos, o Inimigo precisa de um corpo

Por ser espírito, para realizar seus planos de destruição e morte, Satanás precisa de um corpo, e esse corpo é sutilmente selecionado de acordo com a maneira pela qual o Adversário decide atacar. Vejamos este exemplo: "Ora, a serpente era o mais astuto de todos os animais do campo, que o Senhor Deus tinha feito" (Gênesis 3.1).

Nessa passagem, observa-se claramente que a serpente era mais astuta que o resto dos animais do campo, e tal astúcia fez que Satanás a considerasse o meio perfeito para executar seu plano macabro. Da mesma forma, nem todos têm o perfil que o Inimigo quer usar como corpo para nos atacar. No caso do ataque no jardim, a astúcia da serpente a tornava competente. No nosso caso, o corpo que o Inimigo usaria também deveria ser sutilmente selecionado para aproveitar ao máximo o ataque que Deus permitiu que ele lançasse contra nós. Porque estou totalmente convencida de que isso não teria acontecido conosco sem o consentimento do Senhor, uma vez que ele tinha todas as maneiras de impedi-lo, mas não o fez (cf. Salmos 135.6).

> Em algumas ocasiões, o Espírito Santo nos induz a nos prepararmos para as provações e ataques que nos sobrevirão.

Eu sei que você está arrasada

Antes de continuar, quero enfatizar novamente o fato de que naquela época já havíamos superado diferentes crises, ataques e desafios juntos, por isso o Inimigo se certificou de que seu próximo golpe não fosse igual ao que já havíamos superado antes. Portanto, não apenas se dispôs a usar um corpo ao qual podia acessar livremente, como também aproveitou o descuido espiritual em que aquele pastor caiu por causa de seu desinteresse em fortalecer seu relacionamento com o Senhor.

Naquela época, a igreja crescia, os ministérios se desenvolviam e as portas para pregar em outras igrejas se abriram. Mas, como vimos em um dos capítulos anteriores, toda obra de excelência causa inveja do homem contra seu próximo, e esse caso não foi exceção. Portanto, sem nenhum motivo, um trio de irmãs que, antes de assumirmos, já visitava a congregação começou a ter comportamentos inexplicáveis de inveja, ciúmes e ódio.

Tentei, em muitas ocasiões, resolver essa situação, aproximando-me delas por meio de telefonemas, visitas e convites para fazer parte dos programas de desenvolvimento que eu realizava com outras mulheres da igreja, mas elas sempre se recusaram a participar; e, em vez de participarem, era como se cada uma dessas tentativas fizesse que elas tivessem um nível de rejeição maior ainda em relação à minha pessoa. Nunca permiti, é claro, que isso me afetasse, tampouco permiti que me tirasse o foco de fazer o que deveria com as que queriam crescer.

Uma observação muito importante: você nunca deve considerar como amigos íntimos as pessoas que, sem causa, odeiam quem você ama; isso, claro, se você tem a lealdade como princípio de vida. Em outras palavras, você não deve considerar como seu amigo alguém que odeia quem faz parte da sua vida, e acredito que essa verdade não é desconhecida (mesmo que não seja aplicada) pela pessoa que decide violar esse princípio. Por claramente reconhecer que essa não era uma ação leal, o meu então marido escondeu a aproximação que tinha com essas pessoas, apesar de ver a perseguição que dirigiam contra mim. Sua comunicação ficou ainda mais próxima com uma dessas irmãs, precisamente aquela que, em certa ocasião, enquanto uma das reuniões transcorria, deu a entender que queria muito me agredir fisicamente. Mas os planos de Satanás com alguém que estava tão cheia de ódio, e a quem ele podia usar livremente, eram outros.

Os papéis se invertem

Algum tempo depois de esse relacionamento começar, o homem que antes era o meu apoio começou a ser o meu carrasco. Aquele que continuamente me apoiava começou a proferir palavras de fracasso contra tudo o que eu empreendia, a pessoa que me ajudou tanto a crescer, em vez de sentir-se parte do que eu fazia, começou a me ver como sua competidora. Com o objetivo de desarmar isso, sempre tentei torná-lo parte dos meus projetos, e não havia um único lugar onde, quando me davam a palavra, não o reconhecia como a pessoa a quem, depois de Deus, devia por tudo que naquela época estava acontecendo na minha vida.

Mas, em vez de melhorar, as coisas estavam ficando cada vez piores. Já naquela época, o Senhor me abriu portas para ministrar fora do país, oportunidades em que ele, por não ter os documentos necessários, não podia me acompanhar.

Eu sei que você está arrasada

Nessas viagens, toda vez que eu tinha de partir, não havia outra coisa no mundo que desejasse mais do que poder tê-lo ao meu lado.

Esses convites eram tantos que, um dia, expressei o meu desejo de assumir menos compromissos, de poder passar mais tempo em casa com ele e os filhos, visto que ele era quem gerenciava a agenda desses convites. Mas, a essa altura, os nossos interesses não eram mais os mesmos. Então, comecei a orar intensamente a Deus para me revelar o que de fato estava acontecendo. Dias depois, enquanto orava na madrugada, tive uma visão em que o Senhor me revelou um forte ataque que viria com o objetivo de destruir a minha família e interromper o meu progresso.

Não muito tempo depois dessa visão, descobri que o homem que eu via como marido, apoio e pastor, a pessoa que eu amava e a quem entreguei todo o meu coração, estava envolvido em um relacionamento adúltero, algo que, como é normal, me surpreendeu. Mas o fato de descobrir com quem esse relacionamento aconteceu me deixou perplexa, uma vez que a pessoa era exatamente a mesma que anteriormente expressou sua intenção de me bater, e isso foi algo que, quando descobri, honestamente não consegui entender. Até que Deus, em seu infinito amor e suprema misericórdia, realizou uma obra especial em mim e me deu compreensão sobre três aspectos daquele ataque; se não fosse por ele, eu nunca chegaria a entender claramente o que aconteceu, cumprindo o que foi dito em Salmos 32.8: "Eu te instruirei e te ensinarei o caminho que deves seguir; eu te guiarei com os meus olhos".

Princípios do capítulo

1. Para ter uma recompensa permanente, às vezes é preciso fazer sacrifícios temporários.

2. Dentro do casamento é importante que se fortaleça uma das partes, mas sempre haverá uma brecha até que as duas partes estejam dispostas a fazer a mesma coisa.

3. O fato de nos fortalecermos no Senhor nem sempre é garantia de que seremos poupados de certas coisas, mas que, como o Espírito Santo esquadrinha todas as coisas, ele nos induz a que nos preparemos antecipadamente para o que já sabe que nos sobrevirá mais tarde.

4. Você nunca deve considerar como amigos íntimos as pessoas que, sem causa, odeiam quem você ama.

5. Enquanto existir o desejo de mudar em qualquer das partes que falha em um relacionamento, também haverá a possibilidade de mantê-lo vivo e valerá a pena dar-lhe outras oportunidades.

Três coisas que eu não entendia

O que vou compartilhar a seguir são as três coisas que eu não conseguia entender em meio à tristeza e à dor daquele momento, mas para as quais Deus me deu o devido entendimento.

1. Você será provado na área em que será usado

Desde o início do meu ministério, todas as mensagens que Deus me dava para levar a seu povo eram baseadas na salvação, no fortalecimento e no despertar dos dons. Por isso, de cada lugar onde ministrava, recebia centenas de testemunhos sobre como pessoas que não entendiam seu chamado ou que, por algum motivo, se sentiam paralisadas, tomavam a firme decisão de se despertarem no serviço da obra do Senhor, além de testemunhos frequentes de muitos daqueles que, ao ouvirem a palavra em cada lugar que ministramos, entregaram sua vida ao Senhor.

Mas, nos planos de Deus, havia também o propósito de que pudéssemos falar sobre casamentos abalados. Para tanto, embora o que aconteceu no meu casamento não tenha sido gerado por ele, foi usado por ele, em meio a todo aquele processo, para extrair de mim mensagens orientadas à restauração, ao perdão e à luta no mundo espiritual para buscar manter a família unida. Foi exatamente nessa época que comecei a pregar muitas das mensagens que ainda circulam nas mídias, como: "Seu marido não é o problema"; "Não deixe o Inimigo roubar o que é seu" e "Devolva o ataque". Para ser capaz de pregar sobre esses temas, precisei praticá-los primeiro na minha vida.

> Deus usará os seus momentos mais sombrios para você obter deles as suas melhores mensagens.

Apesar de dolorosa que foi para mim aquela "dupla traição", não estava disposta a permitir que um ataque como esse afetasse a minha família sem que eu, tendo a força, a graça e a direção de Deus, não decidisse contra-atacar.

Devo confessar que, enquanto orava certa ocasião, disse ao Senhor: "Meu Deus, não é minha intenção questionar-te, mas a verdade é que não entendo por que, neste momento da minha vida em que estou te buscando mais do que antes tu permitiste que isso acontecesse à minha família". Ao que (com o tipo de consolo que somente sua voz pode trazer a um coração quebrantado) ele me respondeu: "Nenhum superior treina seus soldados por nada" e me guiou a Salmos 18.34, que diz: "Adestra as minhas mãos para o combate; os meus braços quebram um arco de bronze". Ou como diz outra versão: "Deus me prepara para a guerra; dá força aos meus braços para que possam lançar *dardos poderosos*".[1] Portanto, por meio disso, o Senhor me fez entender claramente que a razão pela qual ele me incentivou a buscá-lo com tanta intensidade antes de passar

---

[1] *Palabra de Dios para Todos,* tradução livre; grifo nosso.

Três coisas que eu não entendia

por tudo aquilo era porque estava me preparando para enfrentar o que estava por vir e fortalecer meus "braços" para que, do próprio epicentro daquela guerra, eu pudesse transmitir mensagens de perdão e restauração aos casamentos, que seriam como "dardos poderosos".

De fato, pouco tempo depois de começar a pregar essas mensagens, começaram a chegar testemunhos de restauração de casamentos em dezenas de nações; até mesmo de casais que estavam separados por um longo tempo, relatos que Deus usava para nos fortalecer em meio àquela

> "Nenhum superior treina seus soldados por nada."

batalha intensa, embora eu deva observar que antes desse processo eu já acreditava e, em ocasiões, pregava sobre a restauração familiar. Mas a autoridade, a ousadia e a força para fazer isso só as tive pelo fato de ter passado por esse acontecimento terrível.

Por outro lado, as medidas que tomei como esposa para tentar ajudar aquele homem a se levantar foram diversas. Foram muitos os esforços para restaurar sua vida espiritual e para conseguir que se integrasse mais às atividades que, naquele tempo, Deus me permitia fazer. De fato, foi nessa época que comecei a pedir orientação a Deus para saber se era hora de começar a providenciar a papelada para obter para ele a residência nos Estados Unidos e, entendendo que era o momento, comecei esse processo.

2. A vítima não era eu

Sempre que um relacionamento conjugal é prejudicado pelo adultério, o Inimigo lança os seguintes dardos à mente da pessoa afetada: "Veja que você não tem valor; não há nada de valor em você, por isso que lhe fizeram o que fizeram", dardos esses que, no meu caso, não estiveram ausentes.

Mas sobre isso Deus, por meio de sua Palavra, também me falou: "Amada filha, lembre-se de que o ladrão vem apenas para roubar, matar e destruir. E nenhum ladrão está interessado em entrar para roubar onde há apenas uma casa vazia, mas são os tesouros que estão na casa que o levam a querer atacar". Ao receber essa palavra em meu espírito, imediatamente fui ajudada a estabelecer a diferença entre o recipiente e o conteúdo.

Em outras palavras, elas me fizeram entender que a mulher que se deixou usar para me prejudicar era apenas o "recipiente" onde Satanás, o meu verdadeiro Inimigo, fora derramado como o "conteúdo" e que tanto ela como o meu então marido foram usados como fantoches do Adversário para prejudicar o que Deus estava fazendo conosco, como casal e ministério.

> As pessoas que nos atacam são apenas o recipiente em que Satanás derrama seu conteúdo.

Então, mesmo depois do que aconteceu, tentei me aproximar daquela mulher para ajudá-la e dar-lhe apoio espiritual; mas, em vez de aceitar a minha ajuda, ela zombava e agia com muito mais rebeldia do que antes. A isso também se somava o fato de que, diante do acontecido, o meu então marido nunca chegou a demonstrar verdadeiro arrependimento, razão pela qual, em vez de tentar curar e confortar o meu coração, ele me agredia com palavras muito cruéis e justificativas frequentes que traspassavam minha alma, algo para o qual somente estando na presença de Deus encontrava conforto.

Os meses se passaram, e uma atmosfera contínua de tensão percebia-se na casa, por causa do manuseio incorreto

Três coisas que eu não entendia

da situação; horas de ausência baseadas em falsas desculpas, senhas que jamais ele esteve disposto a revelar e comportamentos verbalmente agressivos eram apenas parte dos desafios que eu tinha de enfrentar continuamente. Ao mesmo tempo, eu tinha de apresentar o melhor semblante para cumprir todos os compromissos ministeriais agendados.

Lembro-me de que uma das coisas mais horríveis desse processo era ter de sair para ministrar fora do país e sentir em meu espírito (não importa onde estivesse) que algo não estava bem, uma vez que, no período em que estava fora do país ministrando, era quando suas atividades pecaminosas pioravam. De fato, mais de uma vez cheguei a comentar sobre isso com alguém que durante esse tempo me serviu de grande bênção e apoio e que ainda permanece como minha apoiadora nos compromissos internacionais de ministração. Seu nome é Maribel. Ela, ao ver-me tentando me comunicar sem êxito com o meu marido por várias horas e de maneiras diferentes, a fim receber conforto e força em meio a essa terrível angústia, sempre me dizia: "Deus vai ajudar você a sair bem desse processo".

No entanto, certo dia essa mulher me ligou e me disse: "Pastora, tive uma revelação a seu respeito; recebi uma palavra muito forte enquanto orava na madrugada. Deus me disse: 'Porque ele não cuidou dela nem a valorizou, eu a tiro dele' ".

3. Deus espera que tomemos boas decisões, mas ele não nos força a tomá-las

Após um ano desse acontecimento, vim a descobrir o que propriamente já sentia: eles não tinham se separado, o adultério ainda estava acontecendo. Quando confirmei isso, fiquei chocada, porque humanamente fiz todo o possível para ajudá-lo a sair daquele buraco. Então, foi quando percebi que não importa quanto você queira ajudar alguém a se livrar de alguma coisa, enquanto essa pessoa não estiver disposta a ficar livre, simplesmente não o será. De fato, apesar de Deus querer que tomemos sempre boas decisões, ele nunca nos força a tomá-las.

Diante dessa descoberta, o meu então marido novamente mostrou o mesmo remorso que antes, mas nunca expressou o verdadeiro arrependimento. E, em meio ao caos daquele momento, lembro-me de que uma das coisas que ele me pediu foi para não contar a ninguém sobre o que acontecera, para que pudesse continuar a liderar a igreja em sua posição de pastor. Concordei, mas sob a promessa de mudança por parte dele, e novamente me dispus a dar--lhe todo o meu apoio. Mas foram apenas algumas semanas antes de ele voltar a demonstrar o mesmo comportamento agressivo e rebelde que houvera demonstrado, o que, claro, também relacionei imediatamente a uma possível continuidade naquele relacionamento pecaminoso. Infelizmente, porém, quanto mais se pratica esse tipo de pecado, maior o nível de esperteza para ocultá-lo o ser humano adquire. Então, por falta de provas, eu sofria apenas com a incerteza de não poder provar o que, por causa do comportamento dele, estava convencida de que podia estar acontecendo.

Os meses se passaram, e os sumiços injustificados continuaram, junto com outros comportamentos estranhos que, ao se ver cobrado, apenas dizia que eu estava louca e que, se eu tinha tanta certeza do que estava dizendo, deveria ser capaz de prová-lo.

Três coisas que eu não entendia

Naquele tempo, esforçava-me fortemente para manter o foco em Deus. Porque eu sabia que, se não fizesse isso, por tudo que estava passando, estaria propensa a desmoronar. Então, em vez de me deixar sucumbir por isso, decidi criar mais raízes no fundamento da minha vida, que é Jesus Cristo. Quando o nosso fundamento é ele, somos semelhantes à casa que, ao ser açoitada por fortes chuvas, rios e ventos, permaneceu firme porque estava firmada sobre a rocha (cf. Mateus 7.24,25).

Confirmam-se uma vez mais o que eram apenas suspeitas

No entanto, mesmo tendo Deus ao meu lado, essa situação era totalmente angustiante para mim. Então, depois de cerca de um ano daquele segundo acontecimento, decidi fazer um jejum com o propósito de que Deus me revelasse o que estava acontecendo, e, pouco depois, minhas suspeitas foram novamente confirmadas. Honestamente, confesso que, embora já o pressentisse, ao confirmar o adultério fiquei arrasada.

Naquela época, aproximadamente três anos haviam passado desde a primeira vez em que o relacionamento adúltero fora exposto, três anos em que senti que tudo o que tinha feito para restaurar a minha família foi em vão. Foi então que soube que eu não estava lutando contra qualquer coisa. Naquele momento, eu precisava que Deus usasse alguém para me ajudar a entender o que estava acontecendo, e foi exatamente isso que o Senhor fez, usando o meu mentor e pai espiritual Elvis Samuel Medina, que me encorajou com palavras que definitivamente me deram muita força e, ao mesmo tempo, dada a reincidência do caso, procedeu à destituição do meu marido de sua função de pastor.

A partir desse momento, duas das pessoas mais próximas da minha família começaram a me dizer: "Você deve se divorciar, porque ele nunca vai mudar; ele não está dando o menor valor à sua família; definitivamente, você não pode continuar com isso". Mas as pessoas mais próximas a mim sabem que há algo que eu nunca faço, que é dar um passo importante na minha vida sem antes ter recebido a direção de Deus para fazê-lo.

Como não tinha sido orientada a tomar uma decisão de divórcio naquele momento, tive de permanecer no casamento, decisão que compartilhei com minha família. Ela me pediu que, pelo menos, paralisasse o processo de obtenção de residência para ele, porque, de acordo com o comportamento, ele não dava boas indicações de qual seria sua atitude quando o processo fosse concluído.

Mas aquelas eram indicações de homem, não de Deus. Embora minha carne ferida pela traição quisesse tomar algum tipo de ação naquele exato momento, não pude fazer nada além de voltar à presença do Senhor e dizer: "Dize-me Deus, o que devo fazer?". Naquela época, porém, o Senhor não me disse absolutamente nada. Contudo, confesso que me deu uma força e uma paz extraordinária para fazer o que, por consenso de nossas autoridades espirituais, entendemos que era o correto: a decisão de nos separarmos por um tempo para que o meu marido refletisse e se arrependesse de seus maus caminhos, o que pensei que seria o mais conveniente, porque ele nunca tinha saído de casa. Assim, concordando com essa decisão, ele decidiu sair de casa e voltou à cidade de onde havíamos saído anos antes.

Três coisas que eu não entendia

Isso foi muito doloroso não só para mim, mas também para as crianças. Lembro-me de que, precisamente no dia seguinte à sua partida, se comemorava o Dia das Mães e, por ocasião dessa celebração, os vizinhos compartilhavam em família. Quando o meu filhinho observou as casas vizinhas através de uma das janelas da casa, com lágrimas nos olhos me perguntou: "Mamãe, quando o papai virá?". Essa foi uma das vezes em que, por mais que eu quisesse permanecer forte, não consegui. E, sem poder segurar o choro, apenas respondi: "Em breve, meu amor, papai estará conosco".

Os dias se passaram, e o comportamento demonstrado pelo marido que saiu de casa começou a ser absolutamente contrário ao que deveria ser, uma vez que, em invés de se arrepender, ele sempre dizia que não se humilharia diante de ninguém e que eu poderia fazer o que achasse melhor. Logo eu soube que ele fazia viagens frequentes à cidade onde morávamos, sobre as quais nem sequer me avisava, e, quando eu reclamava com ele, sempre apresentava uma suposta causa que a justificava.

Cuidado, porque é a mesma serpente, mas com uma roupagem diferente

O fato é que, quando o Inimigo percebeu que a dupla traição que preparara para me destruir não teria o efeito que ele planejou, decidiu me atacar novamente. Mas dessa vez de maneira diferente, uma vez que o ataque consistiu em algo que (ao contrário do golpe que experimentei antes) veio na forma de "incentivo" para o meu coração quebrantado.

Comecei a conversar com uma pessoa e, no início, só tratávamos de assuntos como amigos, mas, ao continuarmos nos falando, essas conversas se tornaram a maneira em que senti que meu coração recebia o apoio humano que precisava naquele momento; e foi precisamente essa carência que o Adversário usou para entrar. Ele me ofereceu por um meio "ilegal" o apoio que supostamente eu deveria receber do meu marido "legalmente".

Devo esclarecer novamente que, dada a minha vulnerabilidade e a devastação que sentia naquele momento, eu abri uma brecha para algo que nunca deveria ter aberto, a tal ponto que estava me tornando dependente do que essa pessoa me dizia e com isso me sentia apoiada e compreendida toda vez que conversávamos.

Ele não residia na República Dominicana, mas mesmo assim passamos algum tempo conversando até que, em certa ocasião, enquanto me preparava para ir à igreja, comecei a ouvir um barulho estranho, semelhante ao de uma cobra, e, em razão da clareza com que ouvia, eu a sentia muito perto de mim.

Nesse momento, Deus falou ao meu coração e me disse: "Você está se deixando envolver por um engano; acorde e não se deixe arrastar. Pois, embora o que experimente agora seja confortável para você, é um veneno mortal trazido pela mesma serpente que já a atacou, mas desta vez passou a agir com uma roupagem diferente". Não tenho palavras para descrever o que senti naquele momento, a tal ponto que no dia seguinte decidi amanhecer em jejum e oração com o propósito de que aquele dardo fosse totalmente anulado dentro de mim.

Passei três dias recolhida e, no final desse período, senti um impacto do Espírito Santo tão forte que não conseguia

Três coisas que eu não entendia

parar de chorar por causa do maravilhoso tratamento de Deus para comigo. Então, liguei para aquele homem e disse: "O Senhor lidou comigo e me fez entender que a conexão e as conversas que estavam acontecendo entre nós não são certas; portanto, a partir deste momento, não vou mais conversar com você. Esta é uma armadilha do Inimigo para nos destruir, e acabei de sair de um período de oração em que prometi a Deus que, embora o que eu esteja passando agora seja duro, o passarei sem pegar atalhos ou recorrer à anestesia".

Além disso, lembro-me de que disse: "Prometi ao Senhor que ele pode contar comigo para passar este momento como ele quer que eu passe, porque o que ele escreveu sobre mim será cumprido". Ao ouvir tudo o que lhe disse, ele concordou e, desde aquele momento, a comunicação entre nós foi interrompida.

Sobre isso, posso dizer que sempre serei grata pela maneira de o Senhor tratar comigo. Por causa disso (embora o que aconteceu tenha sido absolutamente errado), fomos ambos salvos de cair na armadilha que o Inimigo realmente tinha tramado contra nós. Então, contei a meu marido como essas coisas aconteceram, mas, longe de mostrar o menor grau de compreensão, ele começou a usar isso como uma arma a mais para me atacar e justificar suas más ações. No entanto, embora isso fosse acrescentado ao que eu já vivia, tinha certeza de que, depois desse fracasso, o que eu precisava fazer era reconhecer o erro, arrepender-me e me desligar completamente disso, pois, como diz a Palavra do Senhor, "O que encobre as suas transgressões nunca prosperará, mas o que as confessa e deixa, alcançará misericórdia" (Provérbios 28.13).

Por outro lado, o tempo passava e nada parecia melhorar no meu casamento, mas a graça e o sustento de Deus em meu favor eram reais todos os dias.

Naquele tempo, perguntei ao Senhor se deveria interromper a minha agenda e fazer uma pausa para me curar, e ele falou comigo: "Você não está doente. Não pare, continue, porque eu vou apoiar você".

Então, apesar de me sentir quebrada em mil pedaços, continuei avançando, pregando, ensinando e ministrando. De fato, foi exatamente em meio a esse processo que o Senhor me deu a ordem de construir uma igreja no centro da capital, para alcançar as almas daquela localidade, e, assim, eu me dispus a fazê-lo. Iniciamos essa igreja com apenas sete pessoas em uma das praças da cidade e, no momento em que escrevo este livro, apenas quatro anos depois do que aconteceu o que relatei aqui, conta com mais de 700 pessoas. E sei que isso aconteceu apenas por causa do apoio, do favor e da graça do Senhor para comigo. Por isso a ele e somente a ele damos todos os méritos, a glória e o reconhecimento.

Naquela época, as ministrações de restauração prosseguiam. Os filhos enfrentavam corajosamente o que se tornou um processo não apenas para o casamento, mas para toda a família; a igreja crescia, e mais portas se abriam todos os dias para novas oportunidades de desenvolvimento ministerial.

No entanto, por quase não comer pela falta de apetite, comecei a perder peso drasticamente, o que causou o surgimento de rumores por parte de muitas pessoas, que começaram a dizer: "Ela está doente, algo sério deve estar acontecendo com ela". Mas não me deixei afetar por isso; sabia que o Senhor havia colocado os olhos sobre mim e que (por assim dizer) o céu apostava em mim. Eu sabia que Deus, apesar de todo o caos em que vivia naquela época, era um Pai amoroso e responsável comigo, e o meu desejo era também ser uma boa filha para ele.

Jamais esquecerei como, no meio desse processo, três coisas sempre me inspiraram a continuar: a confiança que Deus havia depositado em mim para servi-lo, apesar de tudo o que estava acontecendo naquele momento; os meus filhos, por quem tinha de lutar para poder sustentá-los e criá-los; e as centenas de testemunhos de pessoas que nos escreviam relatando o que Deus estava fazendo com elas por meio do nosso ministério.

Enquanto isso, os ataques do Inimigo por intermédio do meu marido aumentavam, uma vez que toda vez que tinha oportunidade de se aproximar de alguém para conversar sobre o assunto, ele dizia: "Ela prega a restauração da família, mas não me restaurou; prega sobre o perdão, mas não me perdoou".

Ele com certeza jamais poderia dizer isso às pessoas que realmente conheciam o problema, mas somente àquelas que não sabiam de nada; e muitos dos que não conheciam a situação, ao observarem o favor de Deus sobre mim, apenas diziam: "O que ele diz não corresponde ao que o Senhor está fazendo por meio dela. Portanto, o problema não é ela, mas algo relacionado a ele".

Ele não vai se arrepender, mas ligue para ele e lhe diga para voltar

Na época, um dos meus compromissos ministeriais aconteceria na ilha de Porto Rico; e, enquanto estava lá, algo sobrenatural aconteceu. Foi o seguinte: apesar de o meu marido não apresentar o menor indício de arrependimento e muito menos de mudança, enquanto orava fervorosamente por ele, Deus me disse: "Você precisa entender que, em razão do endurecimento dele, Satanás o mantém cativo e ele perdeu toda a sensibilidade. Por isso ele a ataca como faz e não reconhece os esforços que você fez para ajudá-lo, mas eu os vejo. Ele não vai parar de atacar você, mas não tenha medo. Porque nada que ele disser terá o poder de a prejudicar. Nunca pense que você luta contra ele, porque sua luta não é contra ele, mas uma forte aliança de espíritos impuros foi feita para tentar desfazer o que, por meio do seu ministério, eu estou fazendo".

Além disso, orientou-me que, ao regressar à República Dominicana, deveria ligar para ele e lhe pedir que voltasse para casa, porque ele voltaria, embora não arrependido, e muito mais endurecido do que quando saíra de casa.

A isso, apenas respondi: "Senhor, não sei o que estás tentando obter com tudo isso, mas farei como tu me orientaste. Peço apenas que me dês força e muita sabedoria para poder lidar com as coisas como ordenaste".

> Pois não temos de lutar contra a carne e o sangue, e, sim, contra os principados, contra as potestades, contra os poderes deste mundo tenebroso, contra as forças espirituais da maldade nas regiões celestes. Portanto, tomai toda a armadura de Deus, para que possais resistir no dia mau e, havendo feito tudo, ficar firmes. (Efésios 6.12,13)

Três coisas que eu não entendia

Princípios do capítulo

1. Você será provado na área em que será usado.

2. Não importa quanto você queira ajudar alguém a se livrar de alguma coisa, enquanto essa pessoa não estiver disposta a ficar livre, simplesmente não o será.

3. Quanto mais se pratica o pecado do adultério (bem como outros pecados), maior o nível de esperteza para ocultá-lo o ser humano adquire.

4. Nenhum ladrão está interessado em entrar para roubar onde há apenas uma casa vazia, mas são os tesouros que estão na casa que o levam a querer atacar.

5. Quando o Inimigo perceber que o ataque que ele lançou para o destruir não funcionou, ele mudará a roupagem para tentar atacá-lo de uma maneira diferente.

Reconstrua com os pedaços

Ao retornar da viagem a Porto Rico, a primeira coisa que fiz foi ligar para o meu marido e lhe dizer que voltasse para casa (como Deus me havia orientado); alguns dias depois, ele estava de volta. Uma vez em casa, passava a maior parte do dia trancado e, quando eu lhe pedia para me acompanhar à igreja ou ir comigo a determinado lugar para pregar, dizia-me: "Depois que destruiu a minha reputação, agora quer que eu saia com você?".

No entanto, logo que eu saía de casa, ele saía para outro lugar; e, quando lhe perguntava onde estava, dizia-me: "Foi por isso que você me pediu para voltar, para me controlar? Seria melhor ter me deixado onde estava", respostas que serviam de gatilho para discussões frequentes, que chegaram a terminar em agressões físicas.

Quero esclarecer que não apenas ele se alterava, mas eu também. Aquilo era horrível, e só porque a mão de Deus me ajudou é que eu pude suportar tudo isso. Mas, ao orar certo dia, uma vez mais percebi o conselho do Senhor no meu espírito, que dizia: "Satanás identificou exatamente o que ele deve fazer para a deixar alterada. E, se você continuar lutando com armas carnais, nunca poderá vencer esta guerra em que ele está usando tudo o que pode, dentro do limite que impus, para a atacar".

Muitos podem pensar: "Como assim?". Certamente, como dissemos, os ataques que nos sobrevêm não são de Deus; vêm do nosso Adversário, que Deus permite nos atacar, dentro de determinados limites, de modo que o mal que ele nos faz seja revertido para o nosso bem (cf. Jó 1 e 2).

No entanto, confesso que, no meio de tudo aquilo, nem sempre foi fácil ver a situação dessa maneira. Certamente foi muito difícil ver o meu marido preso à mulher que, sem nenhuma causa, se tornara a minha pior inimiga; ver como, em vez de ser o apoio que durante muito tempo eu fui para ele, ele se tornar em meu acusador e alguém que, longe de desejar o meu bem, proferia continuamente palavras negativas contra mim, dizendo: "O seu ministério vai cair, e você verá como tudo o que tem agora vai estagnar, a igreja não vai crescer e ninguém vai comprar os seus livros".

> Por causa do endurecimento que o pecado traz, aqueles que algum dia foram bênção para nós podem ser os mesmos que tramarão a nossa destruição.

Além disso, também havia o fato de não poder contar com ele para qualquer despesa relacionada aos compromissos da casa, porque ele não tinha renda. Mas sobre isso eu também não podia dizer nada porque, segundo ele, a culpa de ele ser tirado da liderança da igreja era minha. Portanto, eu não tinha nenhum direito de reclamar sobre isso.

Naqueles dias, o consulado americano marcou a entrevista para dar a ele a residência, o que foi para mim como uma luz no final do túnel, porque pensei que, se ele começasse a viajar comigo para todos os lugares a que eu fosse, o nosso relacionamento poderia melhorar; acreditei nisso. Mas, em relação à chegada dele aos Estados Unidos, seus planos eram outros, certamente muito diferentes dos meus.

De fato, lembro-me de que, no dia da entrevista, ele me disse: "Informei-me que você não precisa necessariamente ir comigo à entrevista; então, se você quiser, eu vou sozinho". Respondi: "Mas como poderia deixar você ir sozinho, se esse é o meu sonho há anos? Esta é uma conquista de ambos".

Quando chegou o dia da entrevista de imigração

No dia da entrevista, bem cedo pela manhã, precisamente antes de sair de casa, ele misteriosamente se trancou em um dos quartos com o telefone, e, quando lhe pedi para abrir a porta, demonstrou algum nervosismo. Então, lhe perguntei: "O que aconteceu?". Ele respondeu: "Nada, você quer que eu lhe dê o telefone?". Respondi: "Sim, me passe". E, justamente quando eu o tinha em mãos, chegou uma mensagem de texto daquela mulher. Ao observar que eu vi a mensagem, ele tentou me tirar o celular.

Naquele momento, aconteceu algo que nunca havia acontecido e, quando o vi, fiquei extremamente horrorizada: enquanto ele me forçava para lhe devolver o celular, seu rosto se transformou em algo horrível e nada parecido com o rosto do homem que eu conhecia. Enquanto furiosamente tentava me tirar o celular, ele machucou minha mão, em seguida apagou a mensagem e me disse: "Você quer ver o celular? Pegue, pode ver". Aquilo era algo que eu não podia pensar que estivesse acontecendo em um dos dias mais esperados da minha vida. Mas logo em seguida sua atitude mudou, e ele começou a se comportar muito gentilmente e a se desculpar pelo acontecido.

Quando chegamos ao consulado, sua residência foi aprovada e lhe entregaram um comprovante para que pudesse buscar o visto em três semanas. Após esse período, ele foi retirá-lo e nem sequer me contou. Mais tarde eu soube que no dia em que foi buscar o visto de residência, pelo qual esperei tanto tempo, ele estava na companhia dela.

Naquela época, eu já estava resignada, até certo ponto, a aguardar a próxima indicação que o Senhor me daria sobre o assunto, porque havia ficado claro que nada mais importava para ele. Na verdade, nem mais se esforçava para esconder o que estava fazendo porque, segundo ele, não tinha nada a perder. Mas eu continuava crendo que, apesar de como as coisas estavam, Deus poderia fazer algo para salvar o meu casamento.

Assim, como já havia planejado, decidi coordenar tudo para que sua primeira viagem acontecesse junto com um compromisso ministerial que eu teria em Atlantic City; depois de terminar esse compromisso, iria a Nova York passar algum tempo com parte da minha família.

Quando o dia da aguardada viagem chegou

Quando o tão esperado dia da viagem chegou, no início da manhã ele misteriosamente se ausentou por várias horas e, quando voltou para casa, tinha olhos tristes e avermelhados. Eu tinha certeza de que eles tinham se encontrado e sabia que sua aflição se devia ao laço de alma que sentia por aquela pessoa. Por isso, tentei ministrar ao seu coração e naquele dia lhe falei não como o meu marido, mas como

Reconstrua com os pedaços

uma pessoa que realmente precisava ouvir a voz de Deus. De fato, naquele momento usei o exemplo de como o Inimigo me atacara também, tentando fazê-lo entender que, assim como eu me livrei daquele ataque, ele também poderia fazê-lo. Mas, não importava como lhe falasse ou as palavras usadas, ele estava completamente fechado e não apresentava a menor intenção de redirecionar sua maneira de proceder.

> Diante de alguns acontecimentos da vida, você só permanecerá de pé graças ao sustento que vem de Deus.

Ao chegar a Atlantic City, ele passou quase dois dias sem conexão com a internet e me pediu que o ajudasse a se conectar, porque queria dizer a alguns amigos que chegara bem. Concordei sem nenhum problema, mas depois de poucas horas percebi que (sem que lhe importasse quanto aquela viagem significava para mim), do hotel em que estávamos hospedados, ele começou a se comunicar com a mulher usando certos códigos que previamente combinaram usar; quando percebi isso, ele negou e disse que tudo o que eu tinha visto não era o que pensava. Claro que não acreditei nisso.

Mas eu precisava de mais evidências para provar a verdade do que estava acontecendo. No entanto, absolutamente tudo mudou quando, depois de concluir nosso compromisso em Atlantic City, duas irmãs da igreja em que ministramos nos levaram para Nova York; no caminho, com seu celular na mão, vi que em sua conta do Messenger ele tinha recebido uma mensagem daquela pessoa. Naquele momento, ficou totalmente claro que ele não apenas se comunicava com ela, mas também lhe dera a senha de sua conta pessoal, para que eu não percebesse quando se comunicassem.

Irmã, você pode parar no primeiro *shopping* que encontrar no caminho, por favor?

O que aconteceu naquele momento me deixou desconsolada. Mas, como estávamos no veículo com as irmãs da igreja, tive de manter a postura de pastora que viera pregar naquele fim de semana e não pude dizer nada ao meu marido. Mas pedi às irmãs que parassem por um momento no primeiro *shopping* que encontrassem, e elas pararam.

Ao chegar ao *shopping*, tentando ao máximo esconder a minha dor, pedi às irmãs que me dessem pelo menos uma hora naquele lugar; disse-lhes também que, se quisessem, elas poderiam nos deixar para conhecer o lugar, e assim o fizeram.

Depois de nos afastarmos, o meu marido ficou ao meu lado, e eu apenas lhe disse: "Como você pode fazer tudo isso comigo?". Então, ele tentou me abraçar, mas eu disse: "Eu vou ao banheiro por um momento". Ele ficou do lado de fora, mas, quando entrei no banheiro, literalmente desabei e, sentada no chão daquele lugar, passei mais de meia hora.

Foi aí que a primeira parte desta história aconteceu. E foi depois que saí de lá que, com lágrimas nos olhos, perguntei ao meu marido: "Você tem alguma ideia de como me sinto?". E ele, enquanto secava o meu rosto, respondeu: "Eu sei que você está em pedaços". Nesse aspecto, ele não estava errado, porque era exatamente assim que eu me sentia.

> Mais doloroso do que um ato de deslealdade e traição é a reincidência nesse ato por aquele que o comete.

Apesar de tudo isso, a viagem devia prosseguir. Precisava chegar à casa da minha família, onde, desde a primeira noite de estadia, outros acontecimentos muito semelhantes aos já mencionados começaram a ocorrer.

Reconstrua com os pedaços

Encerrada a semana que eu tinha intencionalmente planejado para ser de celebração e que, segundo minha opinião, marcaria o início de um novo começo na nossa vida, tive de voltar sozinha para nossa casa na República Dominicana, porque ele tinha de permanecer nos Estados Unidos até que lhe enviassem o documento de residência. No entanto, isso não foi o pior, porque, depois de ter ficado lá, interrompeu totalmente a comunicação comigo, a ponto de adquirir um novo número de telefone e passá-lo ao nosso filho mais velho, pedindo-lhe para não compartilhá-lo comigo. Contudo, depois de alguns dias, perguntei ao garoto se ele havia falado com o pai, e ele não somente me respondeu, mas também me passou o número que o havia contatado.

Tinha o direito, mas não tinha a direção

Desde então, entendi que ele havia decidido me deixar. Depois de vários dias sem saber nada, liguei para ele e perguntei: "Você não está interessado em sua família?". E, apenas para medir suas intenções, disse-lhe: "Acho que seria melhor nos divorciarmos". Ao ouvir isso, ele respondeu: "Faça o que quiser. Os meus filhos sempre serão os meus filhos". Então, comecei a considerar tudo o que havia acontecido até aquele momento e, quando falei com alguém a quem respeitava muito para pedir orientação sobre como agir naquela situação, essa pessoa me disse: "Você tem todo o direito de prosseguir com o divórcio". Mas, embora certamente tivesse todo o direito de me divorciar, ainda não havia recebido a direção de Deus para fazê-lo.

Certo dia, enquanto estava indo para a igreja, eu disse: "Senhor, por favor, vê como está tudo isso; meu Deus, dize-me o que fazer. Preciso saber se me dás tua aprovação para prosseguir com o divórcio". Naquele momento, senti como se o Espírito Santo trouxesse um fardo pesado ao meu coração, que imediatamente soube que era um decisivo NÃO. E a essa maneira peculiar de responder, ele não acrescentou nenhum outro argumento.

Confesso que isso foi algo totalmente incompreensível para mim, mas, se outros se deixaram usar por Satanás para realizar seus planos, eu queria ser usada por Deus para realizar os planos dele.

Para resumir a história, direi apenas que, depois de tudo isso, cerca de três anos se passaram em que, por várias ocasiões, ele viajou ao país sem sequer me avisar de que estava indo, e, em sua estadia, também não ficava conosco em casa. Essas viagens duravam pouco e, uma vez encerrado o tempo que pretendia passar ali, voltava para Nova York, onde estava estabelecido.

Fui lá em duas ocasiões para buscá-lo, mas ele não quis vir comigo. Mesmo assim, não desisti; depois de certo tempo, voltei e lhe disse: "Diga-me o que tenho de fazer para voltarmos a ser uma família. Defina as condições para mim; o que você me disser, farei". Ele respondeu: "Não voltarei a Santo Domingo". Então, perguntei: "O que você quer? Quer que eu venha morar aqui com você?". E ele me disse: "Sim. Deixe a igreja e venha morar aqui".

Dispostos a tudo para restaurar a casa

Naquela época, um dos argumentos que ele continuava usando para tentar me prejudicar era que a minha prioridade nunca tinha sido a família, mas a minha agenda de pregações e a igreja. Portanto, ele nunca acreditou que eu estaria

Reconstrua com os pedaços

disposta a pausar a agenda de pregações ou deixar a igreja (que com tanto amor e dedicação o Senhor me permitira plantar) para morar em Nova York com o objetivo de salvar o que, de acordo com a ordem de prioridades, devia estar em primeiro lugar, o meu casamento.

Então, conversei com o meu bispo para anunciar que estava de partida e pedir-lhe que desse todo o apoio possível à pessoa que assumiria o cuidado do rebanho. Além disso, comecei a vender todos os móveis que tinha para arrecadar dinheiro para a viagem e cancelei todos os compromissos que tinha na agenda para os seis meses seguintes a partir daquele momento, com o objetivo de poder dedicar a ele e às crianças todo o meu tempo, uma vez estabelecidos em nossa nova casa em Nova York.

Apesar de tê-lo informado da data em que iria para Nova York a fim de procurar uma casa para nossa moradia e pedir-lhe que fosse comigo procurá-la, quando cheguei para fazer isso ele nunca atendeu às minhas ligações. Depois que eu tinha vendido tudo, entregado a liderança da igreja e paralisado a agenda por seis meses, ele me disse: "Mesmo que venha morar aqui, não vou me mudar com você". E me disse novamente: "Os meus filhos sempre serão os meus filhos".

Não tenho palavras para descrever como me senti. Mas, apesar de tudo, tinha de seguir em frente. Então, falei com a igreja novamente, que estava disposta a me apoiar diante do que aconteceu, embora também desejassem que, em algum momento, quem já fora o "sacerdote da casa" reconsiderasse. Mas, em vez disso, ele se tornou cada dia mais rebelde. De fato, naquela época, ele começou a ligar para cada um dos membros da igreja com quem tinha contato para me prejudicar.

Depois de tudo isso ter acontecido, eu ainda continuava esperando; e vários meses depois eu soube que ele estava de volta a Santo Domingo. Ele fez contato com os filhos, como sempre fazia quando chegava, mas nem sequer me ligou para me dizer que estava lá.

Naqueles dias específicos, Deus me despertou de madrugada e me disse: "Você pode fazer o que não permiti que fizesse em outro tempo". E, para que não me restassem dúvidas de que era sobre o processo de divórcio, pedi ao Senhor que me confirmasse isso mediante três sinais, o que em apenas alguns dias tive a resposta.

No entanto, mais importante ainda foi que, quando iniciei o processo, senti uma paz e uma força tão grandes que acabaram por confirmar definitivamente que essa decisão tinha a aprovação absoluta do Senhor. Nunca me esquecerei de como, logo depois de iniciar esse processo, perguntei ao Senhor: "Meu Deus, se me deixarias dar esse passo, por que não o permitiste antes?". Ao que o Senhor me respondeu: "Filha amada, nada se perdeu. Mas cada uma das coisas que você fez a ajudou a desarmar completamente o Inimigo e deixar sem efeito o que ele proferiu contra você. Assim, você fez o que tinha de fazer e lutou como deveria lutar, e agora terá o meu apoio".

No entanto, em relação à decisão do divórcio, em algum momento aquele que foi meu marido disse: "Se você se divorciar de mim, o seu ministério será sepultado, ninguém a convidará a pregar novamente, e veremos quem vai se interessar em ler os seus livros".

Apesar de todas as expressões negativas, o Senhor guiou os meus passos e se encarregou de me ajudar, para que eu voltasse a construir usando os pedaços que me restavam.

Mas como pude reconstruir com os pedaços que me restavam?

Antes de tudo, quero esclarecer que, em determinado momento desse processo, não apenas senti que eu estava quebrada, mas também que os meus sonhos de manter a minha família unida e de que os meus filhos nos vissem chegar ao fim da nossa vida juntos já haviam sido desfeitos. Eu fui indiscutivelmente atacada, golpeada e ferida, mas não podia mudar o que havia acontecido. Somente podia decidir o que fazer com o que acontecera comigo. Então, decidi levantar os olhos em direção ao Senhor, o responsável pelos planos de construção da minha vida, e ele me disse: "Que essas ruínas não a confundam, porque de tudo isso extrairei sua melhor construção". Mas, para realizar essa reconstrução, tive de fazer que o meu espírito seguisse especificamente a instrução contida nos planos do meu Criador. Portanto, tive de morrer para os meus sentimentos a fim de me conectar com sua perfeita vontade; tive de priorizar na minha vida fazer Deus sorrir, embora em muitas ocasiões por causa disso eu tivesse que chorar.

Pois bem, devo salientar que o fato de a minha provação terminar dessa maneira não significa que, se o seu casamento está passando por algo parecido, tenha de terminar da mesma maneira. Portanto, peço a cada pessoa que leia isso com atenção para não tomar decisões que não tenham sido primeiramente autorizadas e confirmadas pelo Senhor.

No meu caso, o fato de ter dado esse passo com a plena cobertura e orientação do Senhor fez que, embora muitos quisessem usar isso para me prejudicar, Deus fosse minha defesa e se encarregasse de me apoiar. Graças ao apoio do Senhor na minha vida, os meus dois filhos foram guardados,

RECONSTRUA COM OS SEUS PEDAÇOS

e tanto a igreja como nosso ministério evangelístico nas nações crescem sem parar todos os dias.

Além disso, recebemos continuamente centenas de mensagens sobre como os nossos livros estão edificando e instruindo centenas de milhares de pessoas em diferentes países, tendo um apoio tão grande que o primeiro livro, *Te desafío a crecer* [Eu a desafio a crescer], em 2017 alcançou a posição de *best-seller*, tornando-se, assim, um êxito de vendas nas livrarias. Outros deles, como *Mujer reposiciónate* [Mulher, reposicione-se] e *Indetenibles* [Imparáveis], estão entre os mais solicitados pelo público que frequenta as lojas onde são oferecidos.

Ao mesmo tempo, áreas do nosso ministério tão importantes quanto a formação e a mentoria se fortaleceram de maneira surpreendente, a ponto de várias igrejas terem feito uma aliança ministerial conosco.

Por outro lado, cremos em Deus para expandir o ministério em outras áreas de atuação, como livraria, restaurante e creche. Temos como nosso próximo projeto abrir uma escola de formação ministerial para as nações pela internet, com o objetivo de formar ministros e torná-los adequadamente equipados para cumprirem a tarefa que Deus lhes confiou. Porque fiz uma firme promessa ao Senhor de que, enquanto viver, com tudo tenho e o que sou, eu o servirei até o último suspiro da minha vida.

Por fim, antes de concluir este capítulo, quero esclarecer que o que apresentei aqui representa apenas parte das coisas que aconteceram e de tudo o que tive de enfrentar. Visto que, como esclarecido no início, esta história não pretende prejudicar ou afetar a imagem de alguém; pelo contrário, desejo que esse processo sirva de referencial para que todos que estejam passando por algo parecido saibam que sempre será possível reconstruir usando o que foi quebrado.

Reconstrua com os pedaços

Princípios do capítulo

1. Os ataques que nos sobrevêm não são de Deus; vêm do nosso Adversário, que Deus permite nos atacar, dentro de determinados limites, de modo que o mal que ele nos faz seja revertido para o nosso bem.

2. Não tome decisões importantes com base apenas em direitos, mas, sim, na direção do Senhor; assim, você poderá ter certeza de que terá o apoio dele em toda e qualquer consequência.

3. Você nunca poderá vencer uma batalha espiritual usando armas carnais. Porque as armas da nossa batalha não são carnais, mas espirituais e, de acordo com o texto sagrado, já fomos equipados com elas.

4. Quando você perde o equilíbrio, começa a se comportar mal, e isso significa que, mesmo tendo razão, você pode perder o direito que tinha.

5. Para poder reconstruir usando o que foi quebrado, tive de levantar os olhos para o meu Criador, que possui os planos da minha edificação; fazer que o meu espírito se deixasse guiar apenas por sua instrução, morrer para os meus sentimentos a fim de me conectar com sua perfeita vontade e tê-la como prioridade na minha vida, agradar sempre a Deus, embora muitas vezes isso signifique que eu tenha de chorar.

Como responder aos desafios do processo

Como compartilhei no capítulo anterior, a bondade do Senhor por mim tem sido grande. No entanto, apesar de todas as vitórias que Deus nos deu, muitos também foram os desafios que tive de enfrentar por causa da maneira pela qual este capítulo da minha vida terminou.

Entre esses desafios, preconceitos e acusações infundadas foram apenas uma parte do todo. Mas, quando você enfrenta o que passou de acordo com as orientações recebidas do Senhor, ele se encarrega de dar a força, a resistência e a estabilidade para lidar com tudo o que possa surgir contra você por causa dessa experiência.

No meu caso, aqui compartilho apenas alguns dos argumentos que as pessoas (por desconhecerem as implicações reais do processo ou por quererem usá-lo para tentar me prejudicar) se encarregaram de utilizar:

- **Se ela se divorciou, não deve falar sobre isso**

  Sobre essa acusação, digo que cada detalhe aqui compartilhado foi plenamente guiado pelo Senhor. De fato, Deus me disse que guardasse muitas das coisas que aconteceram, e assim o fiz. Mas o que ele me disse para falar, eu falei com toda a ousadia e liberdade.

Devo dizer que tenho plena consciência de que muitos são os que passam por situações parecidas e o fazem silenciosamente. No entanto, como vimos em um dos primeiros capítulos deste livro, é Deus quem determina o que se deve extrair dos diferentes acontecimentos que ele permite que cada um de nós passe.

Por outro lado, se outros têm testemunhos baseados em cura, libertação, provisão e restauração do lar, eu também tenho um testemunho vivo de como a graça do Senhor me sustentou para poder passar por algo que, não fosse por sua graça, não poderia atravessar, e desse meu testemunho não me envergonho. Porque, embora tenha terminado de maneira diferente do que muitos entendem como uma crise familiar deve terminar, o Senhor a usou para fortalecer e trazer consolo a outros. A Palavra do Senhor se refere exatamente a isso quando diz: "Pareceu-me bem fazer conhecidos os sinais e maravilhas que Deus, o Altíssimo, fez para comigo" (Daniel 4.2).

- **Como ela pode estar ministrando se sua própria casa foi destruída?**

Quando foi necessário responder a esse argumento, sempre deixei bem claro que a minha casa sempre foi fundada na Rocha que é Cristo; portanto, embora certamente tenha sido açoitada, ela nunca caiu. Em outras palavras, se o fundamento é Jesus Cristo, a sua casa não cai apenas porque alguém que habitou nela decide deixá-la.

Aproveito para dizer ao leitor que nunca baseie a essência do que você é em uma pessoa. Porque, se fizer isso, só se manterá firme até o momento que essa pessoa decidir se afastar de você ou até que simplesmente mude a maneira de se relacionar com você.

• Ela não pode falar sobre casamento porque não tem um

A esse respeito, deve-se salientar que, de acordo com o formato bíblico, o casamento é formado por duas pessoas, não apenas por uma. Portanto, qualquer tipo de crise que afete o casamento sempre poderá ser superada se as duas pessoas que o compõem estiverem dispostas a fazer isso.

No meu caso, passei dezenove anos casada, dos quais três passei à espera de que o meu marido voltasse para casa. Ele decidiu sair de casa para não mais voltar e, ao ver que ele não estava disposto a voltar, fui buscá-lo mais de uma vez, como narrado. Mas ele deixou claro que o fato de permanecer na família que formamos não fazia parte de seus planos.

Por outro lado, a decisão de me afastar daquela rejeição longa e obstinada nunca teria sido tomada sem a justa aprovação de Deus, que me dá sua paz todos os dias e confirma ao meu coração que não fiz nada por conta própria, mas por sua instrução específica.

Portanto, em termos reais, o que autoriza alguém a falar sobre casamento e para casais não é apenas ser parte de um matrimônio, mas também ter lutado por ele, fazendo tudo o que podia ser feito, mas também tudo o que Deus indicou que se devia fazer a respeito.

Por esse motivo, entendo que possuo todos os selos de legalidade dados pelo Senhor para dizer a qualquer casal que esteja passando por uma crise no casamento: "Vale a pena perdoar; enquanto a outra pessoa quiser salvar o casamento, continue lutando para salvá-lo; a tolerância, o sacrifício e o apoio ao seu cônjuge são o projeto divino para os casais; portanto, faça tudo o que puder pelo seu cônjuge, porque manter a família unida é algo pelo qual sempre valerá a pena lutar".

Por ministrar mensagens como essas, chegam ao nosso ministério centenas de testemunhos de casais que nos relatam como Deus restaurou seu relacionamento continuamente. Tal fato me fez perguntar ao Senhor mais de uma vez: "Deus, por que o Senhor não fez isso com o meu casamento também?". E a resposta dele sempre foi a mesma: "Filha, sempre que vir um casamento restaurado, você estará vendo algo que as duas pessoas que o compõem quiseram que existisse. Porque cada pessoa tem a liberdade de decidir o curso que quer dar à sua vida". Em certa ocasião, foi também isso que Deus disse ao povo: "Os céus e a terra tomo hoje por testemunhas contra ti, que te propus a vida e a morte, a bênção e a maldição. Agora escolhe a vida, para que vivas, tu e os teus filhos" (Deuteronômio 30.19).

> A tolerância, o sacrifício e o apoio mútuo entre os cônjuges são o projeto divino para os casais.

- **Conheço (dizem alguns) outras mulheres que passaram pelo mesmo problema que ela e hoje estão unidas a seu marido porque de fato lutaram por seu casamento**

Acusação que nunca levei para o lado pessoal. Porque, se há alguém que lutou para salvar seu casamento, esse alguém fui eu; portanto, definitivamente esse argumento não pode

Como responder aos desafios do processo

ser aplicado a mim, embora não negue que em mais de uma ocasião tenha dito: "Quanto gostaria que no meu casamento as coisas tivessem acabado de uma forma diferente".

Diante disso, o meu amado Consolador, o Espírito Santo, sempre me lembra: "Nem todos os testemunhos terminam da mesma forma; e tenha certeza de que você não é a única que teve um fim diferente do que esperava na área da vida em que foi atacada", área em que, por ter sido provada, fui também equipada para poder ministrar às pessoas que, como eu, tiveram de finalizar determinado capítulo da vida de uma forma que não esperavam. Ou seja, pelo mesmo processo em que somos atacados e apontados por outros, também podemos ser de ajuda para aqueles que passam situações semelhantes às nossas.

Como afirma a palavra do Senhor: "Às vezes fostes expostos como em espetáculo, tanto de vergonha quanto de tribulações; às vezes vos tornastes coparticipantes com os que desse modo foram tratados" (Hebreus 10.33).

- **Ela também deve ter falhado porque em um casamento a culpa do erro não é só de um dos cônjuges, mas dos dois**

Sobre isso, afirmo que nunca procurei me apresentar como perfeita ou como alguém que nunca tivesse errado. Uma coisa, porém, é errar, reconhecer o erro e se afastar e outra, muito diferente, é errar e, em vez de reconhecer as falhas e se afastar, tentar justificar as causas pelas quais se comete o mesmo erro continuamente. Portanto, como esposa, reconheço que nem sempre fiz o que deveria fazer ou nem sempre me comportei adequadamente. Contudo, diante das minhas muitas falhas, decidi não apenas sentir remorso, mas mostrar verdadeiro arrependimento.

Por outro lado, tivemos de estar em vários lugares onde pessoas com uma declarada intenção de me prejudicar quiseram exibir seu longo e estável casamento para denegrir a nossa experiência particular. Sobre isso, apenas direi que ninguém deveria procurar parecer forte à custa das aparentes fraquezas dos outros, e ninguém para parecer limpo deveria tentar sujar a vida dos outros, uma vez que a única razão pela qual alguns podem reter o que têm é porque aquilo de que se vangloriam não foi a área em que tiveram de ser provados ferozmente. E, mesmo que tenham sido provados nessa área, a maneira pela qual essa parte de sua história terminou não se deveu apenas ao que eles fizeram para enfrentá-la, mas também a como decidiram agir (com relação à boa vontade de Deus) com outros envolvidos nesse caso.

> Ninguém deveria procurar parecer forte à custa das aparentes fraquezas dos outros.

"Pois eu sei os planos que tenho para vós, diz o Senhor, planos de paz e não de mal, para vos dar uma esperança e um futuro." (Jeremias 29.11.)

No entanto, "não permanecerá o meu Espírito para sempre com o homem, pois este é mortal" (Gênesis 6.3).

As sugestões para pegar atalhos e as ofertas para recorrer a anestesias

Além de todas as divergências mencionadas, parte do que temos de lidar são as formas sugeridas por diferentes fontes para que, durante o tempo presente, peguemos atalhos ou recorramos a elementos anestésicos. Ao ler isso, você pode dizer: "Como assim?". Portanto, antes de entrar em detalhes, vamos definir o que é um atalho e o que significa uma anestesia.

Como responder aos desafios do processo

Segundo o dicionário, um atalho se define como um caminho mais curto que o principal para ir a um local específico. Algo que, em termos de trânsito, geralmente é bastante útil. Mas não acontece o mesmo com os atalhos que nos são apresentados para encurtar as provações pelas quais Deus nos permite passar, considerando que tomar a decisão de encurtar o nosso processo pode fazer a diferença entre uma vitória segura e uma derrota retumbante. Sobre isso, um dos exemplos mais relevantes que a Bíblia nos mostra é o de Jesus no deserto. Observe:

> Então Jesus foi levado pelo Espírito ao deserto, para ser tentado pelo Diabo. Depois de jejuar quarenta dias e quarenta noites, sentiu fome. O Tentador chegou-se a ele e disse: Se tu és o Filho de Deus, manda que estas pedras se transformem em pães. Respondeu Jesus: Está escrito: Não só de pão viverá o homem, mas de toda a palavra que sai da boca de Deus (Mateus 4.1-4).

É importante observar como, nessa passagem, é revelado que o Adversário esperou que Jesus sentisse fome para poder sugerir em seguida a maneira pela qual essa necessidade poderia ser satisfeita. Mas, embora Cristo tivesse todo o poder para fazer que aquelas pedras se transformassem em pães, ele não fez isso. Assim, recusou-se a aceitar o atalho proposto pelo Tentador para satisfazer sua fome.

Da mesma forma, em cada um dos nossos momentos de "fome", Satanás tem uma sugestão para nos satisfazer com "pão", e o nosso caso não foi uma exceção. No entanto, quanto a isso, devo dizer também que a graça do Senhor foi abundante sobre nós e nos deu discernimento para poder identificar o

> Tomar a decisão de encurtar o nosso processo pode fazer a diferença entre uma vitória segura e uma derrota retumbante.

que mais de uma vez o Inimigo sugeriu que fizéssemos para saciar nossa necessidade de "pão".

De fato, ressalto a todos que estejam passando por algo semelhante a importância de não incorrer em relacionamentos apressados apenas por não ter um companheiro ou companheira que complemente a sua vida; para ser mais específica sobre isso, quero compartilhar com você os seguintes pontos:

1. **Nunca entre em um relacionamento logo após terminar outro.** Se você fizer isso, pode acontecer que logo perceba que o que sentiu por essa última pessoa não era amor. Talvez você simplesmente a use para aliviar a ferida que o rompimento anterior possa ter causado. Em outras palavras, o bem conhecido ditado: "Um prego que tira o outro prego" não se aplica a uma vida com ordem e direção que devemos ter como servos e servas do Senhor.

2. **Aproveite o máximo o tempo de solidão que Deus está permitindo que você tenha.** Algumas pessoas fogem da solidão e, para não ficarem sozinhas, se envolvem facilmente em qualquer tipo de relacionamento. No entanto, é nesse tempo que o Senhor nos permite ficar sozinhos quando entendemos melhor quem ele é para nós e chegamos até mesmo a conhecer o que desconhecíamos sobre nós mesmos.

3. **Não procure preencher de maneira apressada o que Deus permitiu que estivesse vazio.** Deus sempre arranca as ervas daninhas antes de plantar e remove o que atrapalha antes de reconstruir. Portanto, você não deve ficar ansioso para ocupar os espaços que o Senhor preparou para, no devido tempo, voltar a preenchê-los.

4. **Não propague qualidades que você sabe que a outra pessoa não possui.** Uma das coisas que as pessoas que buscam preencher espaços de maneira apressada

Como responder aos desafios do processo

fazem é ter a tendência de atribuir qualidades inexistentes a possíveis candidatos e ignorar os sinais de alerta visíveis na pessoa que querem fazer passar como companheiro(a) ou idôneo(a), para depois reclamar do que viram no passado e ao qual não deram atenção, ignorando-o.

Devo destacar que não estou sugerindo que a pessoa que você espera deve ser perfeita, mas o que sugiro é a importância de considerar os problemas subjacentes que essa pessoa possa ter e, acima de tudo, recomendo que busque saber a vontade do Senhor em relação a esse assunto em particular.

5. Identifique o que é uma verdadeira bênção. Nem tudo que se mostra atraente deve ser considerado uma bênção. Em outras palavras, o fato de alguém ter uma boa aparência física, expressar-se bem, exercer um ministério ou ter uma boa posição financeira não necessariamente o qualifica como uma "bênção" para você.

Mas você sabe que alguém é uma bênção de Deus quando, em vez de afastar você, o aproxima mais do Deus da bênção; quando não se opõe aos seus princípios ou tenta alterar os seus valores; e quando não procura obscurecer o que você era para destacar a si mesmo, porque entende que não se trata de dois concorrentes, mas de um casal unido para cumprir o projeto que Deus estabeleceu para ambos.

Lembre-se de que esses aspectos não se referem a casais que já estão casados, mas a pessoas que têm princípios cristãos e aguardam a chegada da companhia idônea que Deus prometeu lhes dar.

O perigo das anestesias

Depois de considerar algumas das maneiras pelas quais frequentemente se nos apresenta a oportunidade de tomar atalhos,

RECONSTRUA COM OS SEUS PEDAÇOS

também devemos fechar o caminho para todo elemento anestésico que sirva para mitigar o efeito que Deus espera produzir em nós através do processo pelo qual estamos passando.

Pois bem, o que é anestesia? Segundo o dicionário, a anestesia é definida como a ausência temporária da sensibilidade de uma parte do corpo ou de sua totalidade, causada pela administração de alguma substância. Da mesma forma, levando isso para o âmbito espiritual, quando estamos sendo provados em alguma área, não apenas enfrentamos a possibilidade de pegar atalhos para encurtar a processo, como também enfrentamos várias formas de recorrer a elementos anestésicos. Para saber como devemos responder a isso, usaremos o exemplo de Jesus novamente.

> Levaram Jesus ao lugar chamado Gólgota, que quer dizer Lugar da Caveira. Então lhe ofereceram vinho misturado com mirra, mas ele não o tomou. (Marcos 15.22,23)

Quando esse fato histórico aconteceu, a mirra era usada como elemento anestésico. Por isso, se bebesse aquele vinho, Jesus daria lugar a algo que reduziria a dor daquele momento agonizante. No entanto, sem hesitação ou ambivalência, ele o rejeitou, pois seu objetivo não era evitar a dor, mas cumprir plenamente o que o Pai lhe havia designado. Sobre a maneira segundo a qual deveria sofrer, ele já havia afirmado: "Sim, o que está escrito de mim será cumprido" (Lucas 22.37).

Pois bem, para aplicar esse ponto ao que queremos destacar é necessário entender que, assim como há anestesia para evitar as dores físicas, existem também elementos anestésicos que surgirão diante de nós para nos fazer evitar a dor;

Como responder aos desafios do processo

mas, se a nossa prioridade é passar pelo processo à maneira de Cristo, simplesmente não devemos aceitá-los.

Por exemplo, é comum ver casos em que alguns estão envolvidos em relacionamentos incorretos, supostamente de modo temporário, enquanto aguardam a chegada da pessoa que, segundo eles, deve ser a ideal. Isso obviamente lhes serve de alívio e lhes traz uma falsa alegria, levando-os a evitar o efeito causado pelo processo pelo qual o Senhor está lhes permitindo passar para corrigir áreas importantes de seu caráter.

Portanto, se esse for o seu caso, sugiro que arranque pela raiz tudo o que surgiu na sua vida como anestesia. Se você não desistir dela, em vez de o ajudar, atrasará o que Deus decidiu conceder a você no devido tempo.

Então, no mesmo contexto da história de Jesus, vemos também um elemento muito importante que não podemos deixar de apreciar. É o fato de que, no capítulo 15 de Marcos, também acha registrado que, enquanto Jesus estava andando com a cruz, houve um homem chamado Simão Cireneu que o ajudou a carregá-la.

Ao considerar isso, você pode pensar: "Mas qual é a diferença entre tomar anestesia para não sentir dor e aceitar ajuda para carregar a cruz?". Para responder a essa pergunta, destacaremos o seguinte: enquanto a anestesia leva você a evitar a dor do processo, aquele que o ajuda a carregar a cruz o acompanha à medida que, em meio à dor e ao sofrimento, você segue adiante naquilo que Deus permitiu a você passar.

Portanto, aprendamos a lição de Jesus e não sejamos como aqueles que estão no caminho, mas pegam atalhos; ou entre aqueles que passam por provações, mas mitigam a dor com elementos anestésicos.

Princípios do capítulo

1. Quando você enfrenta o que passou de acordo com as orientações recebidas do Senhor, ele se encarrega de dar a força, a resistência e a estabilidade para lidar com tudo o que possa surgir contra você por causa dessa experiência.

2. Nunca baseie a essência do que você é em uma pessoa. Porque, se fizer isso, só se manterá firme até o momento que essa pessoa decidir se afastar de você ou até que simplesmente mude a maneira de se relacionar com você.

3. Se o fundamento é Jesus Cristo, a sua casa não cai apenas porque alguém que habitou nela decide deixá-la.

4. O casamento é formado por duas pessoas, não apenas por uma. Portanto, qualquer tipo de crise que afete o casamento sempre poderá ser superada se as duas pessoas que o compõem estiverem dispostas a fazer isso.

5. O que autoriza alguém a falar sobre casamento e para casais não é apenas ser parte de um matrimônio, mas também ter lutado por ele, fazendo tudo o que podia ser feito, mas também tudo o que Deus indicou que se devia fazer a respeito.

Cinquenta princípios dos quais você não deve se esquecer

1. Em sua onipotência, Deus conhece tudo sobre nós e sabe exatamente como nos sentimos em razão do que estamos passando.
2. Há uma diferença marcante entre uma prova, um processo, um ataque e uma consequência.
3. As provas são geralmente de curto prazo e enviadas por Deus para pôr à prova nosso coração, como ele fez com Abraão e como fez com o povo de Israel. (Cf. Gênesis 22.1,2; Deuteronômio 8.2-4.)
4. Os processos são permitidos pelo Senhor para nos formar e nos equipar para o que ele decidiu nos entregar mais adiante, como aconteceu no caso de José. (Cf. Gênesis 37—50.)
5. Os ataques são geridos diretamente por nosso Adversário, mas seus limites são estabelecidos pelo Senhor, os quais nunca excedem a nossa capacidade de suportá-los. O patriarca Jó é um exemplo disso. (Cf. Jó 1 e 2.)
6. As consequências são o resultado das nossas más ações, que Deus nos permite enfrentar para nos disciplinar. Temos Davi como exemplo. (Cf. 2Samuel 12.)

7. Pelo fato de Deus ser imutável, sua Palavra deve refletir sua integridade. Deus não mente, e em todos os casos manifesta sua veracidade e cumpre todas as promessas que faz.

8. Deus nos ama a todos e não faz acepção de pessoas, mas o modo com que ele decide encerrar as circunstâncias de alguns não é o mesmo utilizado por ele em relação às circunstâncias de outros.

9. A forma de Deus decidir concluir os processos de cada pessoa é a maneira segundo a qual ele decidiu que glorifiquemos seu nome e sirvamos de exemplos para os outros.

10. Cada adversidade da vida pode trazer consigo determinados limites, mas reclamar e sentir pena de si mesmo são reações fatais, mesmo que pareçam lógicas e nos façam sentir melhor.

11. Nunca se sinta intimidado pelo testemunho de outras pessoas, porque, embora o seu seja diferente, também servirá para fortalecer aqueles que, ao ouvi-lo, podem estar passando por algo parecido ao que você passou.

12. Enquanto o que nos acontece estiver dentro da vontade de Deus para nós, não devemos ter medo, mesmo que tenhamos de enfrentar a própria morte.

13. Nenhum superior treina seus soldados em vão. Da mesma forma, Deus não permitirá que você passe por algo para o qual ele não o tenha preparado primeiro. Como o salmista diz: "Adestra as minhas mãos para o combate; os meus braços quebram um arco de bronze" (Salmos 18.34).

14. O processo pelo qual você passa revela o conceito de Deus sobre você.

Cinquenta princípios dos quais você não deve se esquecer

15. A área em que você é provado será a área em que você será usado.

16. O seu nível de maturidade pode ser medido pela resistência que você demonstra ao passar por momentos de crise.

17. As feridas de hoje serão as cicatrizes que amanhã o farão ser um testemunho vivo para outros, pois certamente o que não o mata o fortalece.

18. Você se torna autoridade daquilo que vence, não do seu jeito, mas da maneira que Deus espera que o vença.

19. Em qualquer situação enfrentada, você deve reconhecer de que parte é responsável e, em seguida, pôr em prática um plano de melhoria que permita que você supere essas fraquezas.

20. Buscar culpados para justificar as nossas más ações é admitir que outras pessoas têm o controle sobre a nossa forma de agir.

21. Se não reconhecermos que estamos errados em algum ponto, jamais poderemos melhorá-lo.

22. Tão importante quanto reconhecer pelo que somos responsáveis é saber do que não somos. Porque assim não seremos vítimas daqueles que buscam descarregar suas próprias culpas sobre nós.

23. Nossa verdadeira luta não é contra pessoas, mas contra Satanás, que sutilmente usa quem atende às condições dele e se deixa usar por ele para lançar seus ataques.

24. Os ataques mais ferozes do Adversário acontecem por intermédio de pessoas que têm algum tipo de influência sobre nós.

25. Quanto mais próxima de você for a pessoa que se deixa usar por Satanás, mais profunda será a ferida do ataque que você receberá.

RECONSTRUA COM OS SEUS PEDAÇOS

26. Quando o Inimigo identificar o que o incomoda, ele continuará usando isso mesmo para fazer você explodir; contudo, quando você decidir ignorar o que o incomodava, ele se dará conta de que a arma em que confiava não lhe servirá mais.

27. É absolutamente impossível impedir que certas coisas nos sobrevenham, mas é inteiramente possível decidir o que fazer com as coisas que nos sobrevêm.

28. A perseverança diante da pressão o prepara para a promoção.

29. Nunca pense que o tempo que você investiu com alguém ou algo foi desperdiçado. Porque, embora as coisas não tenham terminado como você esperava, há uma lição a se aprender mesmo nos processos mais dolorosos que temos de enfrentar.

30. A mensagem que você prega terá de ser provada.

31. Não há nada mais perigoso para o Inimigo do que alguém que, depois de ser considerado morto por muitos, decida se levantar.

32. A grandeza da vida em Deus não está em pedir milagres, mas em ser um milagre para aqueles que, vendo como (por nossa confiança no Senhor) conseguimos permanecer de pé em meio a nossas crises, também passam a agir do mesmo modo.

33. O fato de nos fortalecermos no Senhor nem sempre nos garantirá que seremos livres de certas situações, mas, às vezes, como o Espírito Santo esquadrinha tudo, ele nos leva a nos prepararmos antecipadamente para as provações e os ataques que nos sobrevirão.

34. As causas pelas quais Deus nos permite passar por situações de dor e angústia acabam sendo muitas vezes

Cinquenta princípios dos quais você não deve se esquecer

inexplicáveis; e o fato de tentar encontrar respostas em meio a tais acontecimentos apenas nos faz cair em um estado de angústia e pesar.

35. Os momentos de solidão devem ser aproveitados para fortalecer o nosso relacionamento com Deus e para nos conhecermos melhor.

36. Não importa o que você esteja passando agora, apenas certifique-se de permanecer onde Deus quer e de continuar fazendo o que ele ordenou que faça. Agindo assim, ele cuidará do resto.

37. Quando você sobrevive ao que temia, percebe que não é tão fraco quanto pensava.

38. Quando tudo na sua vida parece estar em pedaços, lembre-se de que Deus é um especialista em pegar pedaços para fazer com eles grandes obras de arte.

39. O verdadeiro arrependimento não apenas é demonstrado com lágrimas, mas com a firme decisão de se afastar do mal praticado.

40. Não importa quanto você queira ajudar alguém a ser livre de alguma coisa, enquanto essa pessoa não se dispuser a ser livre, simplesmente não o será.

41. Se você não toma a decisão de destruir algo que sabe que é errado, isso acabará por o destruir.

42. As recompensas permanentes sempre serão o produto de sacrifícios temporários.

43. Buscar uma maneira humana de aliviar o processo é como ser um jogador da liga principal, mas à base de esteroides.

44. Pegar atalhos e recorrer a elementos anestésicos em meio aos processos apenas causará um atraso no que Deus determinou entregar a você.

RECONSTRUA COM OS SEUS PEDAÇOS

45. Em algumas ocasiões, mesmo tendo todo o direito de sair de determinada situação, Deus dirá a você para permanecer nela até que o propósito dele em relação a esse assunto em particular se concretize.

46. Nem sempre as pessoas ao seu redor serão capazes de entender as orientações que Deus dá a você sobre determinado assunto. Mesmo que elas não o entendam, certifique-se de que não sejam suas opiniões que movem você, mas as instruções que recebe do Senhor.

47. A voz de Deus sempre removerá a confusão e encherá o seu coração de paz.

48. Nunca julgue os outros pelo que eles viveram, porque o fato de você não ter passado pela mesma experiência não o faz melhor que eles, mas apenas alguém que Deus decidiu provar de maneira diferente.

49. A razão pela qual Deus às vezes decide não o tirar do lugar onde muitos o viram fracassar é porque nesse mesmo lugar o Senhor mostrará o que pode fazer com alguém que, em vez de desistir quando é atingido, decide recorrer a ele.

50. Embora Deus não seja o causador do que às vezes nos quebra, ele quer que nos armemos de coragem, bravura e ousadia para juntar o que inesperadamente se rompeu e extrair disso projetos que sirvam de inspiração para a vida de outras pessoas.

Palavras finais

Não é a fé que afirmamos ter em Deus o que realmente conta. Mas a fé que podemos demonstrar em meio às provações. Em outras palavras, a maneira pela qual passamos pelas provas revela a fé que temos no Senhor; e as provações que nos cabem enfrentar revelam o conceito que Deus tem de nós por causa do que ele já dispôs no nosso ser interior. Portanto, se você decide não passar pelas provações que enfrenta da maneira que o Senhor espera que o faça, não é porque não pode, mas porque não está disposto a fazê-lo.

Assim, em relação às provações (por mais difíceis que sejam), o seu Criador diz hoje: "Eu já o preparei para resistir a isso". Quanto à dor que sente, o seu Curador diz: "Estou aqui para curar as suas feridas e confortar a sua alma". Quanto ao caminho a seguir, o seu Ajudador diz: "Não deixe que as experiências de ontem o impeçam de apreciar o favor e a graça que dou a você hoje, para que possa reconstruir com o que ainda resta nas suas mãos".

Porque o Senhor está com você para mudar sua derrota em vitória, e sua tristeza em uma canção de alegria. (Cf. Isaías 61.3.)

Esta obra foi composta em *Aldine 401 BT*
e impressa por Gráfica Exklusiva sobre papel
Offset 70 g/m² para Editora Vida.